D1372379

Melbourne Australia

Modo di Vivere

Il Maestoso Westgate Bridge, il più lungo ponte d'Australia con una lunghezza di 2582 metri. Inaugurato nel 1978, questa eccezionale struttura ha ridotto notevolmente la distanza stradale con i sobborghi a occidente della città.

MELBOURNE
TOURISM

Un particolare ringraziamento a funzionari e
personale dell'Ente per il Turismo di
Melbourne (Melbourne Tourist Authority)
per l'assistenza concessa nella compilazione
di questo libro.

Per tutte le vostre prenotazioni di viaggio,
alloggio ed escursioni speciali rivolgetevi al
Victorian Travel Authority.

272 Collins Street Melbourne (03) 63 0202.

Melbourne Australia
© copyright 1979
Taurus Publishing Company Pty Ltd
1 Buckhurst Street
South Melbourne Victoria 3205
Telefono 699 6477
Stampato dalla Bradford Printing Company
per la Taurus Publishing
ISBN 0-9595466-0-X

Separazione dei colori	Scanatronics Vic Pty Ltd
Disegno e Composizione	Returb Studios, Melbourne
Testo	Maxwell Grant
Traduzione in italiano	Rocco Di Zio
Coordinazione	Sanno
Composizione Tipografica	Polyprint

Introduzione

Benvenuti a Melbourne, anche se la visitate solo attraverso la pagine di
questo libro della serie "Way of Life".
In questa produzione abbiamo cercato di portarvi per uno giro
della "vera" Melbourne, usando il concetto centrale
di "Way of Life" o "Modo di Vivere".

Abbiamo cercato di catturare con la macchina fotografica, con la penna
e con tanto sentimento, degli aspetti della città, dei suoi abitanti
e della loro vita, che spesso passano inosservati.

Dagli inizi storici di Melbourne, ai suoi giardini, al fiume Yarra, ai
trams, alle strade alberate, toccando argomenti come l'edilizia,
l'istruzione, l'inserimento degli immigrati nella vita locale, l'industria,
l'arte, lo sport.
Abbiamo fatto questo semplicemente parlando con l'uomo della strada
mentre lo seguivamo per il suo cammino.

Questo libro è stato tradotto, oltre che in italiano,
anche in tedesco, greco e giapponese. Il sapore cosmopolitano
della città lo ha reso necessario.

Per noi tutti alla Taurus questa produzione ha creato immenso piacere e
grande soddisfazione. Ci auguriamo che anche i turisti o chiunque
riceverà questo libro provino lo stesso piacere e la stessa soddisfazione...
perchè Melbourne è veramente una città meravigliosa.

G. H. Poole

Editore

I primi albori di Melbourne sono ancora soggetto di controversie storiche. Il piccolo ma focoso locandiere di Launceston, John Pascoe Fawkner, arrivò a bordo della sua goletta ENTERPRISE nell'Agosto 1835, risalì il corso di un fiume dalle rive lussureggianti di mimose in fiore e trovò ancoraggio riparato ed acqua potabile nei pressi di Pleasant Hill, dove oggi sorge la stazione ferroviaria di Spencer Street.

Prima del suo arrivo vi erano stati numerosi tentativi da parte di ufficiali, su incarico del primo Governatore della Nuova Galles del Sud Capitano Arthur Phillip, di esplorare il distretto di Port Phillip. Il Capitano John Murray ed il Tenente Matthew Flinders erano gia entrati nella baia nel 1802 senza però esplorarla estesamente e Charles Grimes, Perito Generale della Nuova Galles del Sud, fu quindi inviato a fare ulteriori sopraluoghi. Egli trovò la foce dello Yarra che descrisse come "un grande fiume in una zona adatta alla colonizzazione".

In seguito il tenente David Collins fu inviato nella regione con un drappello di soldati e galeotti per stabilirvi un avamposto; ma la sua scelta poco felice di una zona sabbiosa all'imboccatura della baia lo costrinse a spostarsi in Tasmania. Ma le spedizioni per via terra di Hume e Hovell raggiunsero il distretto di Port Phillip nel 1824; e lo spirito colonizzatore dei primi abitanti europei della Terra di Van Diemen stimolò l'interesse per la costa meridionale. I fratelli Henty attraversarono lo stretto di Bass per stabilirsi a Portland, nell'ovest del Victoria, e nel Maggio del 1835 una spedizione guidata da John Batman lasciò Launceston per esplorare la zona di Port Phillip, individuarne i miglior pascoli, "trattare" l'acquisto dalle tribù di aborigeni

e mettere il Governo di Sydney di fronte ad un fatto compiuto che non avrebbe potuto ignorare.

Batman esplorò molta terraferma adiacente alla Baia e le sponde dei fiumi Maribyrnong e Yarra, che egli scoprì per caso mentre esplorava la boscaglia. Egli incontrò pacifici aborigeni e convinse otto di loro ad apporre i marchi di totems a documenti che trasferivano a lui la proprietà di circa 500.000 acri di terra per un tributo annuo in merci del valore di circa 200 sterline.

Batman fece questa storica annotazione sul suo diario l'8 Giugno:

"La nave risalì il largo fiume di cui ho parlato e, sono felice di asserire che a sei miglia dalla foce ho trovato acqua buona e molto profonda. Questo sarà il luogo per un villaggio. Indigeni vivono sulle sponde."

Batman ritornò a Launceston con la notizia del suo successo e John Pascoe Fawkner, impegnato in una simile spedizione nelle zone di Westernport e Port Phillip, nell'apprenderla tornò a Pleasant Hill sfidando Batman a sfrattarlo al suo ritorno.

Mentre le due parti altercavano, piccoli colonizzatori cominciarono a spingersi nell'interno e a costruire le prime rudimentali abitazioni in una zona di rigogliosi pascoli e abbondanza di pesce a cacciagione.

Entro pochi mesi cominciarono ad arrivare al Governo della Nuova Galles del Sud petizioni da parte dei colonizzatori che volevano assumere l'amministrazione della nuova colonia.

Il Governo della Nuova Galles del Sud non tardò a decidere che la Port Phillip Association, l'organizzazione dei colonizzatori locali, era la leggittima autorità della colonia assegnandole una sovvenzione di £ 7.000. Il provvedimentò lasciò Fawkner

molto amareggiato, ma sempre una figura molto influente nella vita della giovane Melbourne.

Il Capitano William Lonsdale fu nominato primo Governatore e i piani di una città furono preparati dal geometra Robert Hoddle e dal suo assistente Robert Russell sulla falsariga dello stile coloniale di allora — larghe vie principali che si incrociavano ad angolo retto e vie più strette, parallele alle principali, per i servizi — che si rivelavano particolarmente indovinati per la topografia di Melbourne rendendola oggi una città facile da percorrere.

La colonia prosperò rapidamente, le zone dell'interno furono colonizzate e Melbourne cominciò ad espandersi prima verso Eastern Hill e quindi in ogni direzione dando vita ad un'urbanistica le cui tipiche casette ad un piano, attaccate l'una all'altra, rimangano oggi come un pittoresco ricordo di quei primi tempi.

Il giorno dopo che il Governatore coloniale, Charles Joseph La Trobe, lesse la proclamazione ufficiale della colonia del Victoria, fu annunciata la prima scoperta di oro nel nuovo Stato.

La scoperta era stata fatta a Anderson's Creek, presso Warrandyte, a 32 chilometri dalla città — era questo il piccolo inizio di una eccezionale corsa all'oro che vide la popolazione della colonia aumentare da 76.000 a 538.000 nel decennio che seguì.

Un mese dopo si sparse la notizia della scoperta di un grosso filone a Ballarat. La città di Melbourne si vuotò come per incanto. La popolazione, pervasa dalla febbre dell'oro, si riversò sulla strada di Ballarat, 110 chilometri a nord-est, portandosi dietro suppellettili a masserizie su carri trainati da buoi. Per la fine del 1850 solo due poliziotti erano rimasti in servizio a Melbourne e durante gli anni successivi navi cariche di cercatori d'oro continuarono ad affluire nella Hobsons Bay. Il porto fu descritto come ''un bosco di alberi di navi'' e membri di equipaggi — capitani inclusi — disertavano in massa per correre verso i campi auriferi. I pressi di Ballarat divennero presto grandi tendopoli abitate dalla moltitudine che cercava incessantemente l'elusivo bagliore del prezioso metallo.

Melbourne, il porto dei campi auriferi, brulicava di nuovi arrivati e di cercatori che vi tornavano brevemente per acquisti, ma La Trobe riuscì a tenere in funzione il Governo ed i servizi e trovò persino il tempo di porre le fondamenta di una grandiosa città — come l'Università di Melbourne, la Libreria Statale, il teatro Atheneum i Giardini Botanici e i più piccoli Fitzroy e Flagstaff, e la condotta d'acqua dal serbatoio di Yan Yean.

Sebbene molti cercatori non trovarono la fortuna sui campi auriferi, essi crearono una città da un villaggio coloniale ed iniziarono un periodo di grande sviluppo che doveva continuare per altri trent'anni.

Le strade furono lastricate ed illuminate, furono costruiti imponenti edifici — uffici, magazzini, edifici pubblici, scuole, ospedali ed abitazioni. Un porto che era nato per l'industria agricola divenne un centro commerciale e manifatturiero. I sobborghi cominciarono ad estendersi e piccoli centri abitati cominciarono a formarsi lungo il fiume ed intorno alla baia. Le ferrovie si allungavano sempre più verso nord ed est.

Birrerie facevano affari d'oro ad ogni secondo angolo di strada, così come anche i teatri della nuova affluente metropoli. Con minatori dall'Inghilterra e da altre nazioni d'Europa, dalle Americhe, dalla Cina e da altri Stati d'Australia si creò una comunità vibrante e poliglotta — quasi un nuovo popolo fra il quale fermentavano nuove idee sociali e politiche.

Sindacati appena formati si battevano contro le oppressive condizioni di lavoro di quei tempi e riuscivano, sin dal 1856, ad ottenere una giornata lavorativa di otto ore per scalpellini e muratori — una conquista ancora ricordata ai nostri giorni da ricchi e poveri con una giornata di vacanza ogni anno.

Sopra:
La Bourke Street, guardando verso ovest, dalla Queen Street, nel 1850.

A destra:
Giubilanti cercatori d'oro celebrano la loro nuova ricchezza.

CRIBB & PINCHERS.
JEWELERS

GOLD
BOUGHT
HERE

WATCHES

10,000 ounces
Wanted to
Day

Improvident Diggers
In Melbourne

Negli anni 1880 Melbourne era la vera e propria città del "miracolo economico" nell'emisfero del Sud. Con la ricchezza ereditata dai tempi delle scoperte dell'oro, una popolazione rurale prospera e solidamente stabilita, una borghesia attivissima nei campi del commercio, della finanza e dell'industria, la città si gonfiava di popolazione e di orgoglio.

Grandi palazzi venivano realizzati quasi come un'espressione di quei tempi opulenti. Il Palazzo del Parlamento veniva completato, imponente e sobriamente elegante, simbolo di alti ideali e ordine civico. Quasi di fronte veniva ricostruito nel 1887, per celebrare il giubileo della Regina Vittoria, il Princess Theatre senza pari in Australia per le sue tradizioni teatrali e per il suo stile riccamente ornato. Nello stesso periodo sorsero altri notevoli edifici che rispondevano alle esigenze della vita commerciale, sociale e pubblica della città.

Era una città piena di vita — piena di parchi di divertimento, teatri in cui si esibivano i migliori artisti del mondo, sale da ballo, taverne affollatissime, postriboli, case di gioco. Di sera la Bourke Street era piena di gente intenta a divertirsi, mentre i più avventurosi si spingevano nella "Città Cinese" e i ritrovi bohemienne della Little Bourke Street.

L'alta società aveva intanto stabilito il suo ritrovo nella elegante e dignitosa Collins Street, il cui centro focale era "The Block" — fra Elizabeth e Swanston Streets. Ogni pomeriggio intorno alle 4 ed il sabato mattina la gente alla moda vi si dava convegno. Il gentil sesso passava da un negozio all'altro ed i giovanotti guardavano quella parata di gonnelle o incontravano l'oggetto delle loro affezioni. Il "Melbourne Punch", un giornale satirico dell'epoca,commentava che "il più grande piacere delle donne è di vestire per fare invidia alle vicine ed amiche, mentre le maniere effeminate e smorfiose degli uomini rende penoso il guardarli".

I fiumi Yarra e Maribyrnong venivano percorsi continuamente da uno sciame di imbarcazioni da diporto con le mete preferite ai giardini Cremorne, andando verso Richmond sullo Yarra, e i Giardini Botanici che sono ancora oggi una notevole attrazione della città. I facoltosi si erano stabiliti in opulenti residenze intorno alla Baia di Port Phillip con Sorrento il centro più alla moda.

L'ippica, il nuovo sport locale di football australiano e il cricket internazionale diventarono le grandi ossessioni sportive — la Melbourne Cup era gia una classica di ippica di rinomanza mondiale e lo scenario di ricercate sfilate di alta moda.

Ma i tempi della bella vita e dello sfrenato ottimismo volsero a una fine. Le inconsulte speculazioni sui terreni, una lunga siccità e il crollo del prezzo della lana sui mercati mondiali causarono la grande depressione degli anni 1890. Banche diventarono insolventi, molte attività commerciali andarono in fallimento, i lavori pubblici si fermarono e la disoccupazione crebbe vertiginosamente.

La città non avrebbe mai più ritrovato il bel vivere degli anni 1880 e quando venne la ripresa arrivò anche un certo conservatismo. Ma lo stile e le caratteristiche fisiche della città si erano formati e i palazzi sorti in quel decennio di opulenza sono ancora l'orgoglio della Melbourne di oggi.

Sotto:
"Un bosco di alberi di navi". I moli della Baia Hobsons nel 1871.

In alto a destra:
Alta moda di un periodo di opulenza. La Block Arcade nel 1890.

Sotto a destra:
Panorama della Città dagli Exhibition Buildings nel 1890.

La grazia che sembra tanto una parte
universale della metropoli di Melbourne è
indiscutibilmente presente anche nella
"City", il suo centro commerciale e
amministrativo. Il rapido sviluppo degli anni
'50 e '60 ha visto moderni palazzi innalzarsi
sempre più verso il cielo e dare alla città il
tipico aspetto di tutte le grandi città del
mondo. L'immancabile alternarsi di
grattacieli e grandi alberghi internazionali
punteggiano lo spazio aereo della città e
contengono gli alberghi, gli uffici ed i negozi
della capitale commerciale d'Australia.

La "City" ha, da una parte, il centro
finanziario con banche, uffici di operatori di
borsa e gli uffici centrali dei grandi istituti di
credito ed assicurazione; dall'altra parte c'è
l'affollato centro dei negozi che include isole
pedonali in cui il traffico automobilistico è
completamente vietato. Quì, oltre ai grandi
magazzini, vi sono centinaia di "boutiques"
specializzate. I principali teatri sono in questa
parte della città, come anche i più rinomati
ristoranti.

Il venerdì sera, quando i negozi rimangono
aperti fino a tardi, una moltitudine di
persone che escono dagli uffici o che
vengono dai sobborghi dà al centro dei
negozi un aspetto cosmopolita durante lo
"shopping" serale.

Il centro focale della "City" è la Piazza
Civica che si estende su un intero caseggiato,
fra due degli edifici monumentali più noti
della città: il Palazzo del Municipio da una
parte e la Cattedrale Anglicana di San Paolo
dall'altra. La Piazza ha aggiunto un certo
colore nella vita della "City" diventando in
pochi anni il luogo di adunate, concerti
bandistici e mostre.

Foto della pagina precedente:

Sopra:

*Un aspetto di Swanston Street durante
l'intervallo per il pranzo: impiegati,
operai, persone affaccendate in acquisti o
commissioni; sullo sfondo il grande
"Monumento ai Caduti".*

A destra:

*1. Il passato e il presente: dietro la bassa
costruzione svettano nel cielo i moderni
grattacieli.*
*2. Il Forum Theatre, visto alla luce di un
tardo pomeriggio.*
*3. Bambini di una scuola, dopo aver
visitato l'interno, giocano nei magnifici
giardini del Museo Nazionale sito sulla
Swanston Street.*
*4. Magnifici fiori, dai colori stupendi,
sono in vendita fuori dell'austero
Municipio della città, sempre sulla
Swanston Street.*
*5. Una delle centinaia di "boutiques" che
si trovano sulla Bourke Street e sono
frequentatissime, per i loro articoli di alta
classe.*
*6. L'ingresso di una delle molteplici
banche, situate nel cuore della città.*
*7. Una galleria con molteplici negozi:
caratteristica di questa galleria sono due
statue di scultura inglese.*
*8. La vita notturna della città: dopo il
cinema o la rappresentazione teatrale, la
gente si riversa nei ristoranti che
circondano il Princess Theatre, sulla
Spring Street.*

1.

2.

3.

4.

5.

6.

7.

8.

La grazia nella città non è solo tipica dei grandi palazzi di valore storico. Ci sono molte piccole ed intime gallerie di negozi, spesso con intatto l'ornato stile del periodo vittoriano ma con una serie di modernissime boutiques e negozi specializzati. Una di queste famose gallerie è la Royal Arcade, che si estende dalla Little Collins Street alla Bourke Street, con il famoso orologio e le statue di Gog e Magog, replica delle figure in legno del Guildhall di Londra. Altre famose gallerie sono The Block, Howey Court e Australia Arcade (tutte sulla Collins Street).

I visitatori non dovrebbero mancare di addentrarsi in questo intimo labirinto formato dal congiungersi delle diverse gallerie e ammirare la varietà di arcate, i pavimenti di terrazzo e le multicolori vetrate a mosaico dei soffitti a volta.

Fra i grandi magazzini i più famosi sono il Myer Emporium sulla Bourke Street, il più grande del genere nell'emisfero Sud, e Georges, epitomia di moda ed eleganza.

In stile di vita e moda gli abitanti di Melbourne sono alla pari di quelli di ogni altra città internazionale.

Gary Lewis

Gary Lewis

16.

1.

Gary Lewis

2.

Gary Lewis

3.

Peter Hill

4.

Gary Lewis

Sopra:
*Sì, abbiamo banane. E pere, mele, pesche.
Bancarelle di frutta fresca danno colore
alle strade della città.*

A destra:
*La delicata imponenza della cattedrale
cattolica di San Patrizio.*

Il palazzo del Museo principale di Melbourne
sembra una versione più piccola del British
Museum in Londra. Ha le stesse grigio-nere
colonne romane sul davanti, la stessa
atmosfera di storia ed anticà nell'interno,
mischiata al calore della libreria. Ma mentre
la sala lettura del Museo inglese, dove
scrissero Karl Marx ed altri grandi, non è più
aperta al pubblico, quella di Melbourne lo è
ancora. È una immensa sala con un alto
soffitto a duomo, una immensa collezione di
libri sugli scaffali di legno lucido. Studenti
studiano ancora lì, sotto le stesse lampade
verdi e sugli stessi tavoli di legno intarsiato,
lucidi dal lungo uso, dove scrissero i più
famosi scrittori ed accademici di Melbourne.
La libreria contiene più di 750.000 volumi;
manoscritti che risalgono al decimo secolo;
quadri degli inizi del periodo Vittoriano.

19.

Melbourne, come il resto del mondo, ha
quattro stagioni. Ma qui la differenza è che
le quattro stagioni si possono avere tutte
nello stesso giorno. Molti assolati pomeriggi
estivi sono infranti da venti freddi del Sud
che spazzano la baia e fanno scendere
improvisamente pioggia ... e barometro.
Molte giornate estive sono un continuo
alternarsi di sole e improvvisi acquazzoni
a vento.

Il clima è ufficialmente, e con dat di fatto,
temperato — e secondo le statistiche,
Melbourne ha un clima dolce e pieno di sole
senza estremi di freddo in inverno e con
pochi estremi di caldo in estate — quando a
volte la temperatura supera i 40°. Ma la
temperatura massima media durante l'estate è
di 25° e durante l'inverno di 15°. Il periodo
metereologicamente più stabile dell'anno è
Febbraio—Marzo quando l'estate lascia il
posto a un lungo e delizioso autunno.
Temperature tipicamente estive si possono gia
avere in Ottobre e un sentore di inverno può
arrivare in qualsiasi periodo dell'anno. Per
questo i prudenti Melbournesi o visitatori
dovrebbero avere sempre un cambio di
vestiario a portata di mano e non prendere
sempre per oro colato le previsioni
dell'ufficio metereologico.

Pagina precedente:
*La sala lettura della Libreria Statale.
Andateci per guardare in giro, per leggere
o semplicemente per ammirare la superba
architettura.*

Sotto:
*La birra di Melbourne, rinomata in tutto il
mondo, viene prodotta dalla Carlton and
United Brewery il cui battello pubblicitario
è un'altra attrazione del festival popolare
del Moomba.*

A destra:
*Un periodo di freddo invernale può far
cadere la neve sulle vicine colline dei
Dandenongs e avvolgere la città in un
surreale manto di nebbia.*

By courtesy Moomba Festival Committee

22.

23.

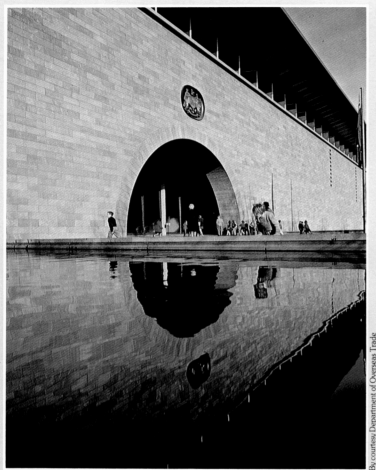

By courtesy Department of Overseas Trade

Gary Lewis

I pittori impressionisti del Victoria — la famosa scuola di Heidelberg fondata da Arthur Streeton, Tom Roberts e Charles McCubbin — riuscirono a trasportare sulla tela per la prima volta l'aspra chiarezza della luce australiana, le profonde ombre di una sera d'estate e l'eroismo dello spirito dei pionieri.

Il loro fervore patriottico verso la vita e il paesaggio australiani aiutò a creare una tradizione culturale — nella musica, nel teatro, nella letteratura e nell'arte — che ha sempre più contribuito a fare sentire agli Australiani la propria entità, attingendo alla diversità di altre culture, ma senza dover dipendere culturalmente dal vecchio mondo.

Le tele degli impressionisti e dei nuovi visionari dell'arte australiana — pittori come Sidney Nolan, Arthur Boyd, Albert Tucker, Fred Williams — possono essere ammirate lì dove sembra accentrarsi la vita culturale di Melbourne — il Victorian Arts Centre.

Il primo stadio di questo centro delle Arti, la Galleria Nazionale del Victoria, un imponente costruzione in pietra vicino il fiume Yarra sulla St. Kilda Road, fu completato nel 1968.

Il particolare più eccezionale della Galleria è la Great Hall con una soffitta policroma di vetri a mosaico realizzata da Leonard French. Nonostante l'immensità della galleria, i visitatori si trovano in un ambiente leggero e libero. Frequenti cambi di arredamento e del trattamento del pavimento — e del salone, del ristorante e del bistro — hanno minimizzato quel senso di fatica che spesso si sente in ambienti del

Sopra a sinistra:
Un'immensa vasca d'acqua aggiunge un senso di imponenza che sfida il tempo alla facciata della Galleria Nazionale.

Sopra a destra:
Un ricevimento civico nella Great Hall.

A destra:
La cascata di acqua che scorre all'interno della grande vetrata della Galleria suscita sempre la curiosità dei più piccoli.

genere.

La Galleria è spesso luogo delle migliori mostre del mondo — Maestri Contemporanei, La Pittura Americana, Arte e Archeologia Cinese, Constable e Turner sono solo alcune delle grandi mostre presentate negli anni recenti — ma ha anche una collezione permanente pari alle migliori del mondo. Vi si trovano infatti opere di Rembrandt, Rubens, Goya, Turner, Breughel, Tiepolo e di molti altri grandi artisti. La collezione permanente include anche Arte Asiatica, Antichità Mediterranee, Arti Decorative, Arte Europea, Arte e Fotografia Europee e Americane Moderne.

Una svettante guglia argentea potrebbe diventare un simbolo visivo di Melbourne e completerà lo sviluppo del complesso della Victorian Arts Centre, iniziato con la Galleria Nazionale.

La guglia completerà quella che sarà certamente una delle più nobili vedute civiche del mondo — dalle guglie della cattedrale di San Paolo, al duomo della stazione di Flinders Street, oltre il Princes Bridge, verso la Arts Centre, fino al monumento ai Caduti — il tutto con il magnifico sfondo del parco intorno all'alberata St. Kilda Road.

Sotto la guglia ci sarà il "cuore" dell'Arts Centre — tre teatri, un museo teatrale, negozi, un bistro, bar, caffè, aree per esibizioni e sale per conferenze. I teatri saranno lo State Theatre — per il balletto, opere e commedie musicali — il Playhouse per arte drammatica e lo Studio per produzioni sperimentali su piccola scala.

Un'altra unità del complesso sarà il salone per concerti con una capacità di 2.500 spettatori. Il tutto sarà circondato da giardini che si estenderanno fino al fiume Yarra.

L'Arts Centre fa parte di un vigoroso programma di arte civica adottato dal Ministero Statale per le Arti. Un'affascinante estenzione della collezione d'arte dello Stato è la galleria Banyule nella storica residenza omonima di Heidelberg. Fu quì vicino che fu fondata la famosa scuola di pittori impressionisti australiani. La galleria contiene la mostra permanente della collezione Manton.

Sopra:
La tosatura della pecore (1890) di Tom Roberts (australiano 1856-1931). Olio su tella 121,9 x 182,6 cm. Lascito Fulton 1932.

A destra:
La Great Hall è ideale per concerti e recite. Molti di questi sono gratuiti durante il fine settimana.

Melbourne è sicuramente la capitale teatrale
d'Australia. Rispetto alle altre città
australiane, Melbourne ha avuto sempre una
tendenza ad avere più teatri, più spettacoli,
più commedie musicali e, se il giudizio di
artisti stranieri viene preso in considerazione,
uno dei migliori pubblici del mondo.

Il teatro è sempre stato una tradizione a
Melbourne. I migliori artisti e spettacoli
stranieri sono costantemente di scena;
produzioni e artisti locali sono molto richiesti
all'estero. Talento teatrale fiorisce nelle
filodrammatiche e nel teatro sperimentale
oltre che in quello tradizionale. La
Melbourne Theatre Company, attraverso
intelligente amministrazione professionale,
qualità delle produzioni e costante pubblicità,
à un fenomeno tutto particolare e
continuamente in espansione che è riuscito a
portare al teatro un tipo di pubblico
notoriamente più prono agli spettacoli
sportivi. Le sue produzioni di teatro
tradizionale e moderno sono di levatura
internazionale.

Sotto:
Hiroyuki Iwaki, Direttore dell'Orchestra
Sinfonica di Melbourne.

A destra:
Una scena da ''Le monache'', una
produzione del Melbourne Theatre
Company con Frank Thring, uno dei suoi
attori di fama internazionale.

Melbourne ha sempre avuto una profonda tradizione musicale. Melbourne, era, dopotutto, la città di Dame Nellie Melba. Al secolo Nellie Porter Mitchell, l'artista australiana diventò uno dei più grandi soprano del mondo, assumendo il nome d'arte di Melba, in onore della sua città natale, al suo debutto in Belgio nel 1887. Il rione in cui lei crebbe dista solo una ventina di chilometri dal centro della città, ma sfortunatamente non è diventato un centro turistico. Però le latterie e i ristoranti servono ancora le ''pesche Melba'', intitolate appunto alla famosa contante che fece la sua ultima apparizione sulla scena al Covent Garden nel 1926. La memoria di Melba e l'Opera continuano a vivere a Melbourne. Le compagnie operistiche nazionale e statale conducono regolari stagioni; gli amatori di questa viva espressione artistica possono essere sicuri dell'eccellenza degli spettacoli.

Sotto:
La ''Pram Factory'', un teatro di avanguardia nel sobborgo di Carlton. Pubblico ed attori sono gomito a gomito e la partecipazione della platea è perciò spesso inevitabile.

A destra:
Suzanne Steele in 'La Belle Helen'' messa in scena dalla Victoria State Opera Company.

By courtesy Victoria State Opera– William Baxter

31.

Sopra:
*Il Balletto Australiano nell'atto primo,
scena seconda de "La Vedova Allegra".*

A destra:
*Spettacoli di rock and roll sette giorni la
settimana fanno di Melbourne la capitale
del rock in Australia.*

Anche nel Balletto Melbourne ha una posizione di assoluta preminenza fra le città australiane: vi risiede infatti l'Australian Ballet, una compagnia di indiscusso valore mondiale con artisti del calibro di Sir Robert Helpmann e Dame Peggy Van Praagh. Dopo acclamati giri all'estero e un fitto programma innovativo in patria, il Balletto Australiano è diventato un pò il sogno artistico di tante ragazzine di Melbourne.

La fiorente compagnia dà regolari spettacoli in uno dei molti ottimi teatri della città. Se il balletto è il sogno della gioventù, un'altra forma di espressione musicale è il sogno dei giovanissimi. Poichè molti gruppi e cantanti di Melbourne — tradizionali, pop, rock e tutte le possibili denominazioni della musica elettronica — hanno avuto un immenso successo all'estero, la musica è diventata la grande ambizione dei giovani di oggi come il tennis lo era ai tempi dei Sedgman, Rosewall e Hoad. Gruppi come The Seekers e cantanti come Helen Reddy e Olivia Newton-John, tutti di Melbourne, hanno dato una prova tangibile del senso musicale di questa città.

Quelli che amano la musica tradizionale, e probabilmente inorridirebbero al sentire la musica moderna dei loro figli, assistono a concerti orchestrali in almeno tre ottimi auditori — la sala del Municipio, la Robert Blackwood Hall all'Università Monash e la Dallas Brooks Hall. L'Orchestra Sinfonica di Melbourne è di classe mondiale; il programma di "Musica per il popolo" — musica orchestrale nei giardini del King's Domain alla domenica pomeriggio — è una tradizione in cui sono cresciuti tutti gli abitanti di mezza età di Melbourne. Nei stessi giardini che si estendono attorno al famoso Music Bowl, fino a 100.000 spettatori si danno convegno per gli spettacoli di gruppi e cantanti internazionali. A Melbourne la musica è amata quanto lo sport.

33.

Fino a qualche tempo fa il centro della città di Melbourne di domenica si fermava completamente e diventava il luogo più noioso del mondo — i negozi, i cinema e i ristoranti erano chiusi e gli abitanti di Melbourne se ne stevano a casa, accudendo al loro giardino, o andavano in macchina verso le colline e le spiagge.

Ma questa caratteristica negativa della città è ormai una cosa del passato — il rinnovamento della vita della città è stato reso possibile dall'aggiornamento di leggi che ora permettono l'apertura domenicale di locali pubblici, ad eccezione di birrerie; dal rifiorire dei sobborghi vicino al centro della città e dal programma di divertimenti gratuiti all'aperto iniziato dal Comune di Melbourne. Sotto l'egida del Ministero Statale per le Arti, questo programma è passato da un iniziale numero di ottanta artisti a ben 22.500 che si esibiscono in una stagione comprendente praticamente tutte le domeniche per circa sette mesi dell'anno. Le produzioni variano da concerti di jazz a altri sinfonici, varietà, musica pop e arte drammatica. Un pubblico numeroso, allegro e rilassato assiste ai vari spettacoli — seduto sul prato o su sedie a sdraio sotto ombrelloni che si portano da casa.

Ci sono anche inaspettate sorprese alle improvvisate mostre di arte varia che si apprestono in bazaars sui marciapiedi, specialmente sulla Esplanade di St. Kilda. Qui prodotti in pelle, in argento, in ferro, in ceramica vengono esposti e venduti ad un pubblico che apprezza sempre più questo tipo di arte.

Sotto:
Concerti, pagliacci, prestigiatori e marionette danno spettacoli gratuiti negli immensi giardini di Melbourne, che si estendono per oltre 1400 acri, offrendo cultgura e piacere alla comunità in generale.
A destra:
La domenica sulla Esplanade di St. Kilda si appresta una mostra di arte ed artigianato che include articoli dal sapone fatto a mano a tavoli da cucina. Un'enorme folla si assiepa sul marciapiede per comprare o semplicemente per guardare.

Sopra:
In una serata si può assistere ad uno spettacolo con artisti internazionali, gustare un'ottima cena e concludere alle ore piccole in un cabaret. Qui il gruppo 5th Dimension si esibisce al Southern Cross Hotel.

A destra:
Il Lazar, uno dei più rinomati ristoranti della città, con piatti e vini prelibati ed un'atmosfera sobriamente elegante.

Bistecca da Vlados, involtini di capriolo da Frenchies, zuppa di gamberi d'acqua dolce da Moustache, quaglie e polenta da La Cacciatora, aragosta alla salsa pernod da Plums, maiale ai ferri con salsa di prugne dall'Oriental Gourmet …

Melbourne è indubbiamente la capitale culinaria d'Australia. Anche i campanilisti abitanti di Sydney ammettono che la varietà e la qualità dei piatti serviti nelle centinaia di ristoranti di Melbourne eccedono quelli della loro città.

Melbourne era una volta una città incolore di gente che stava a casa; ma gradualmente ha cominciato ad andare fuori a cena ed oggi una miriade di ristoranti sono sorti un pò ovunque e sono affollatissimi ogni sera della settimana: un'altro risultato della forte influenza che glì immigrati Europei esercitano sulla vita di Melbourne. Ci sono ristoranti di classe internazionale, ristorantini e trattorie, alcuni dei quali sono della categoria B.Y.O. (bring your own — che significa portatevi le vostre bevande alcooliche) in cui si paga perciò solo il costo della cena con il vino che si compra fuori al prezzo di bottiglieria.

I ristoranti di classe sono rinomati per l'eleganza, il servizio e la qualità dei loro piatti e, pur se numerosi, sono sempre gremiti e, specialmente al fine settimana, è necessario prenotarsi per essere sicuri di trovare un tavolo.

Melbourne ha la sua "Città Cinese" nella Little Bourke Street e lì soltanto vi si trovano almeno una trentina di ristoranti cinesi con molti altri sparsi in ogni angolo della città e dei sobborghi. I più rinomati sono l'Oriental Gourmet e il Flower Drum e nei pressi è anche il famoso ristorante giapponese Sukiyaki.

Ovunque poi si trovano ristoranti italiani, francesi, greci, libanesi, indiani, svizzeri, ungheresi, tedeschi inglesi e così via. I sobborghi interni di Carlton e Fitzroy sono il luogo di maggior concentrazione di ristoranti e pizzerie italiane, come Totò, La Cacciatora, Il Gambero, Il Calamaro, La Gina, Il Genoa, Pulcinella, Casa Virgona e molti altri. Anche le zone di campagna abbondano di ristoranti di nome, specialmente le colline dei Dandenongs, a un'ora di macchina dal centro, che offrono una grande scelta di ristoranti specializzati ed una magnifica veduta notturna dell'immensa città illuminata.

37.

Qualsiasi i vostri gusti — disco dancing, cena a lume di candela, concerto sinfonico, orchestra jazz, rock and roll, teatro, balletto, cinema — avrete sempre una vasta scelta per spendere una piacevole serata in Melbourne.

Melbourne è una grande città, con molta vita ed atmosfera. Per la gioventù gaia e rumorosa ci sono sempre artisti internazionali pop che danno concerti alla Festival Hall o al Music Bowl, orchestrine disco in localini alla moda sparsi un pò ovunque, dove l'atmosfera è sempre molto elettrica. I più sofisticati possono scegliere fra Silvers, in Toorak, il Lubritorium, all'Hilton Hotel o The Love Machine, in South Yarra, per menzionarne alcuni. E per disco e spettacolo di varietà non si può dimenticare il Last Laugh, in Fitzroy.

Ma ci sono una infinità di ristoranti e locali notturni che offrono un'atmosfera intima per una romantica serata di divertimento e ballo. Molti hotels e birrerie, specialmente nei sobborghi interni, offrono serate di jazz. Concerti di musica classica sono anche all'ordine del giorno.

Melbourne è una città ideale per gli amanti del teatro e del cinema — ha moltissimi moderni locali, addirittura complessi che contengono fino a sei sale cinematografiche e il meglio della produzione mondiale va in programma pochi giorni dopo la premiere internazionale. Ci sono molti cinematografi che specializzano in film "artistici" e danno classici e film di avanguardia.

Iniziate la vostra serata in Melbourne con un drink in una birreria e proseguite a seconda dei vostri gusti — potete essere sicuri di passare una meravigliosa serata.

Sotto:
Mangiate, bevete e divertitevi; Tikki and John's è uno dei molti teatri-ristorante di Melbourne.
A destra:
The Cuckoo, sulle colline dei Dandenongs, ha un'atmosfera romantica ed una grande scelta di piatti prelibati nel suo smorgasbord.

Courtesy of The Melbourne Hilton

Courtesy of The Southern Cross Hotel

Gli Australiani hanno l'abitudine di chiamare "pubs" (birreria) anche i loro hotels più famosi, cosa che confonde i turisti ma che è tipica del profondo e rilassato senso di ospitalità che caratterizza la vita australiana — un'ospitalità tramandata dai tempi dei pionieri, nata fra uomini che lavoravano lontano dagli svaghi delle città e dall'importanza quindi del "pub" nel paese più vicino come una piccola isola di calore, colore e allegria in una immensa terra dura.

Le città d'Australia di oggi sono molto lontano da quel tipo di vita e i grandi hotels di Melbourne riflettono l'internazionalismo della città sia per classe e servizio che per varietà di vita notturna, dai cabarets ai discos. L'Hilton, il Southern Cross, lo Sheraton, l'Old Melbourne Motor Inn sono un'espressione dell'alta classe dei molti hotels che sono sorti in Melbourne negli anni recenti — mentre il Windsor ha ancora intatta tutta quella grazia dei vecchi tempi.

Ma sono i veri "pubs" — i tipici ritrovi per un bicchiere dopo il lavoro — che attraggono ancora il tipico melbournese per gustare in gruppi la buona birra locale o gli abbondanti piatti a prezzi irrisori che vengono serviti nella maggior parte dei pubs. Il pub non è più il ritrovo esclusivo di uomini, con disposizione ed arredamento basilare; molti sono stati rinnovati con gusto, addirittura sfarzo, ed hanno oggi sale con eleganti pareti in legno o mattoni, ricchi tappeti e comode poltrone, dove anche le donne si trovano numerose e a loro perfetto agio.

Molti di questi locali offrono anche trattenimenti musicali — jazz, pop, disco — per chi vuol ballare e per chi vuole semplicemente ascoltare. Ma dai più piccoli ai più grandi, dai più comuni ai più eleganti, tutti i pubs di Melbourne sono luoghi di completo cameratismo.

41.

Il Moomba Festival, una volta descritto come un tentativo artificiale di iniettare un pò di vita in una città non naturalmente portata all'entusiasmo e alla spontaneità, è oggi invece un evento genuinamente sentito nel calendario di Melbourne e può competere con i grandi Festivals del mondo. Iniziato nel 1955, il Moomba si svolge ogni anno in Marzo, quando il tempo capriccioso di Melbourne dà più affidamento — il nome è una parola aborigena che significa appunto festeggiamenti. Le molte e varie attività all'aperto attraggono folle enormi per le strade e nei giardini — per assistere ai concerti, vedere le regate sul fiume Yarra o gli "uomini-uccello" che tentano di volare sull'acqua per 30 metri con un premio di $ 3.000.

L'attenzione generale si sposta dal fiume Yarra e i giardini circostanti alle strade festosamente decorate della città per la sfilata di carri allegorici il lunedì della festa del lavoro.

Impresari sportivi e teatrali concentrano grandi attrazioni internazionali per il Moomba — inevitabilmente il Festival coincide con spettacoli di artisti del calibro di Neil Diamond, Bob Dylan, Rod Stewart. Ippica, cricket, atletica, vela, canottaggio, sci acquatico e molti altri sport attraggono migliaia di spettatori in atmosfera di vacanza.

Nonostante il Moomba sia essenzialmente un festival popolare, pian piano si è arricchito di eventi culturali — come la mostra di pittura all'aperto, la Herald Outdoor Art Show, una immensa mostra allestita nei Fitzroy Gardens alla quale esibiscono artisti affermati ed altri meno conosciuti o addirittura principianti. Si svolgono anche molte mostre nelle gallerie, rappresentazioni teatrali, concerti orchestrali e lirici.

Ma lo spirito del Moomba è più vivo nei giardini lungo il fiume, con gente che passa da un'attrazione all'altra — bancarelle di bibite, gelati, patatine fritte, giostre per i bambini, spettacoli e sport sull'acqua. E questo spirito lo si legge specialmente sui visi illuminati dei bambini estasiati dai fuochi d'artificio che segnano la chiusura di questo magnifico festival popolare.

Pagina precedente:
Giostre e bancarelle sono solo una parte del festival dell'allegria che è il Moomba.

Sotto:
Un pagliaccio intrattiene dei bambini durante la grande sfilata del lunedì per le strade della città.

A destra:
1. Un uomo-uccello spicca il volo in un tentativo di volare per trenta metri sullo Yarra e vincere così un premio di $ 3.000.
2. I migliori sciatori acquatici gareggiano nel grande torneo internazionale del Moomba.
3 e 4. Mostre d'arte ed artigianato vengono approntate nei parchi e giovani aspiranti artisti hanno l'opportunità di esperimentare il proprio talento.
5. La mostra di pittura all'aperto attrae molti intenditori, osservatori e curiosi.
6. Il concerto del Moomba. I migliori studenti di musica sono invitati a provare con Brian May e la sua orchestra. Alcuni vengono scelti per un concerto nel salone del Municipio.

Gary Lewis

1.

2.

3.

4.

5.

6.

7.

I giardini ed i parchi di Melbourne sono essenzialmente per il popolo e quello che esso ama di più è l'immenso Giardino Botanico, a fianco del fiume Yarra, vicino la città.

Un fine settimana di sole fa riempire i sette chilometri di marciapiedi e sentieri dei giardini con gente che passeggia o altri si adagiano sull'erba a leggere libri, altri ancora fanno picnics, chi dà da mangiare ai cigni e agli altri uccelli acquatici nei laghi, chi si addentra nelle fitte boscaglie di canne di bambù e alberi tropicali. È un luogo di intima soddisfazione, di semplice piacere, di significativa comunicazione con la natura.

I giardini coprono un'area di 35,5 ettari, di cui 18 sono giardini, 4,5 laghi ornamentali e 14 prati. Essi sono la creazione del famoso botanista e giardiniere inglese William Guilfoyle che vi lavorò dal 1873 al 1909. Fa parte dei giadini anche l'Erbario Nazionale che fu iniziato e sviluppato dal Barone Ferdinand Von Mueller e contiene la più grande collezione di piante in Australia, inclusi esemplari raccolti da Joseph Banks e Daniel Solander durante il viaggio di scoperta del Capitano Cook nel 1770.

Nel clima temperato di Melbourne i giardini hanno una grande varietà di piante — dalle sottotropicali alle sottantartiche.

Nei giardini si trovano circa 30.000 piante di 12.000 esemplari diversi, tutti con la loro targhetta contenente il nome botanico, il nome nel linguaggio moderno e il nome della nazione d'origine.

Pagina precedente:
Una giornata nei giardini botanici si offre a tante forme di semplici divertimenti: dar da mangiare ai cigni, fare una bella passeggiata, un picnic o mangiare nei vari ristorantini anche all'aria aperta.

Sopra:
Il lanciatore di martello, una delle molte sculture nei Queen Victoria Gardens.

A destra:
Uno spesso tappeto di foglie cadute copre un sentiero degli Exhibition Gardens durante l'autunno.

49.

Melbourne, mancando di una caretteristica naturale veramente distintiva, è diventata una città di parchi e giardini. La città è circondata da una serie di parchi resi ancora più invitanti da numerosi e immensi alberi ombrosi — la quercia europea, olmi, frassini, betulle, palme mediterranee e cipressi si amalgamano in un mirabile assieme con i giganteschi eucalipti ed altre piante indigene.

Melbourne ha una catena di circa 400 giardini pubblici, parchi e zone di reacreazione all'aperto, sparsi ovunque nella zona metropolitana. Entrando nella città in macchina dai due lati del fiume Yarra si guida lungo immense estensioni di giardini e prati e la Riverside Alexandra Avenue è un tratto di strada incantevole sia nella luminosa estate che nel tenue autunno.

I principali giardini pubblici vicino la città, inclusi i Giardini Botanici, hanno tutti una particolare distinsione. I Treasury e Fitzroy Gardens, a fianco del Palazzo degli uffici statali sono ombreggiati da olmi, fichi di Moreton Bay, salici e pini e sono il luogo preferito per andare a mangiare la merenda durante l'intervallo di mezzogiorno per coloro che lavorano nelle vicinanze. Nei giardini si trova la casetta del Capitano Cook, trasportatavi in pezzi dal villaggio di Great Ayton, in Inghilterra, dove egli trascorse la sua fanciullezza, e ricostruitavi nel 1943.

Dall'altro lato della città si trovano i Flagstaff Gardens — luogo del primo cimitero della colonia prima, poi il punto di osservazione delle navi in arrivo, essendo la parte più alta della città. I proclami dei tempi coloniali venivano letti qui incluso quello che autorizzava la separazione della colonia di Port Phillip da quella della Nuova Galles del Sud.

Il King's Domain è un immenso parco che fiancheggia la più pittoresca strada che porta alla City, la St. Kilda Road. Ad esso si congiungono i Queen Victoria Gardens e gli Alexandra Gardens. Su tutti domina la imponente mole dello Shrine of Remembrance, il monumento ai Caduti Australiani di tutte le guerre. In questi giardini si trova anche il La Trobe's Cottage, una replica dell'abitazione del primo Superintendente della colonia.

Sotto a sinistra:
Una veduta della città attraverso i Fitzroy Gardens.

Sotto a destra:
Le cose più belle della vita sono gratuite.

A destra:
Il Captain Cook's Cottage. Trasportato mattone per mattone dall'Inghilterra e ricostruito nei Fitzroy Gardens.

Michael Keating

Gary Lewis

Il Giardino Zoologico di Melbourne, a Royal Park vicino la città, contiene in un ambiente molto vicino al naturale esemplari della fauna locale — emù, canguri, koalas, pappagalli di varie speci, aquile, cigni neri ed una moltitudine di uccelli acquatici.

Lo Zoo è una fonte inesauribile di interesse per i visitatori e per i gruppi familiari, specialmente con il suo programma di provvedere abitacoli simili al naturale e la massima libertà di movimento possibile per gli animali che lo abitano. Uno dei recenti sviluppi è un parco per i leoni in mezzo al quale passa un ponte per il púbblico. Anche le tigri ed altri felini sono in un parco, le scimmie sono libere su un terreno circondato da un fossato e estesi laghi artificiali sono stati creati per foche e lontre. I rettili sono in enormi spazi circondati da vetri e si muovono liberamente in ambienti molto simili al loro ambiente naturale con rocce, alberi e erba. Lo Zoo ha un accentuato ruolo istruttivo e ogni settimana ospita intere scolaresche delle elementari e delle medie; ma il giorno più affollato della settimana è la domenica, quando molti visitatori e intere famiglie vi si recano per vedere gli animali e per passare un pomeriggio nel parco di divertimenti o fare un picnic sugli immancabili enormi prati.

Sopra:
I leoni dello Zoo di Melbourne sdraiati al sole in ambiente quasi naturale, mentre il pubblico sul ponte sembra essere in gabbia.

A destra:
La maestosa aquila australiana.

Tutta la campagna e la provincia viene in città ogni anno a Settembre per i dieci giorni della Mostra Agricola, una grandiosa esibizione delle ricchezze dello Stato in bestiame e prodotti agricoli e le più moderne attrezzature e metodi per la coltivazione. La mostra è anche un eccezionale spettacolo con le sue parate di animali, esibizioni equestri, campionati di wood chopping (spaccalegna), competizioni di ogni genere, un immenso parco di divertimenti. Show Day, il giorno principale della mostra, cade di giovedì ed è una vacanza per tutti e oltre 100.000 persone si recano alla mostra e assaporano un poco di vita e di atmosfera agricola.

Sotto:
L'ingresso del Luna Park a St. Kilda.

A destra:
1. Alla mostra agricola durante i campionati di wood chopping.
2. Gare ed esibizioni di equitazione sono molto apprezzate da grandi e piccini.
3. Dopo una estenuante giornata alla Mostra anche la pantera rosa ha bisogno di riposarsi.
4. Il parco dei divertimenti, pur non avendo nulla di agricolo, è l'angolo più popolare della mostra.

Graeme Webber

1.

2.

3.

4.

I sobborghi interni di Melbourne hanno tutta un'aria tipica del 19mo secolo. St. Vincent's Place e Emerald Hill, in South Melbourne, Drummond Street o McArthur Place in Carlton, Fitzgibbon Street in Parkville conservano ancora intere file di tipiche case del periodo con le facciate ricamate in ghisa, e semplici cottages che una volta erano abitati dagli artigiani della città.

Spesso queste case guardano su una fila di alberi circondati da prati che si estende al centro della strada. Sembra quasi di sentire ancora lo scalpitio di cavalli da tiro sul selciato, i campanelli delle biciclette e il frusciare di crinolina sui marciapiedi.

Questo tipo di abitazione è tornato molto alla moda negli ultimi tempi, dopo un esodo della popolazione verso l'estrema periferia nel periodo dopo la guerra. I nuovi abitanti di questi sobborghi interni sono oggi giovani professionisti che spendono molto tempo e soldi per rinnovare e restaurare le vecchie case del secolo scorso. I centri dei negozi nei vecchi sobborghi di Prahran, Brunswick, South Melbourne, Richmond e Hawthorn conservano ancora la maestosità e l'ornatezza nelle facciate dei negozi e di altre costruzioni adibite ad usi commerciali, con la gemma occasionale di una magnifica galleria o un cortile di negozi che oggi contengono boutiques alla moda, ristorantini, librerie o gallerie d'arte. E i traballanti trams verdi, che hanno dimostrato la loro grande utilità sulle strade larghe e pianeggianti di Melbourne, completano quel sapore di un mondo antico ma sempre vivo in alcuni quartieri di questa modernissima città.

Sopra:
La Polly Woodside. Il restauro di questo magnifico antico veliero è stato completato dopo anni di appassionato lavoro.

A destra in alto:
La imponente facciata di "Como" una sontuosa residenza del secolo scorso in cui sono state preservate le caratteristiche del periodo, dal filatoio alle stalle.

A destra in basso:
St. Vincent's Place. Una larga strada alberata in cui i ricchi del passato stabilirono le loro dimore e gli agiati di oggi rinnovano e ristorano.

57.

Nei pressi della città, a fianco a larghe strade
alberate, in vasti apezzamenti di terreno
coperti di prati, giardini e boschetti, i ricchi
di una volta costruivano sontuose dimore.
Molte di queste esistono ancora in sobborghi
come Toorak, South Yarra, Hawthorn,
Brighton e Albert Park. Tipici esempi di
queste abitazioni che hanno del fiabesco sono
"Como" e "Ripponlea", non più abitate ma
classificate come musei nazionali e
amministrate dall'apposito ente, il National
Trust. Como è una elegante residenza bianca
con una delicata veranda in ghisa, circondata
da 2¹/₂ ettari di prati e giardini. Fu costruita
fra il 1840 e il 1850 ed è oggi un museo con
arredamenti e suppellettili dell'epoca.
Ripponlea è una imponente costruzione del
periodo vittoriano, circondata da 5 ettari di
giardini, parco e laghetti in cui si aggirano
liberamente magnifici esemplari di pavoni.

Il prospero stato del secolo 19mo ha
lasciato una ricca eredità per la moderna
Melbourne.

Sotto:
Ripponlea. Una magnifica residenza
ereditata dagli anni opulenti del secolo
scorso. Una volta era proprietà di Thomas
Bent, un ricco finanziere che fu anche
Primo Ministro del Victoria.

A destra:
Una piccola parte dei cinque ettari di
verde e laghi che circondano Ripponlea.

Graeme Webber

Sopra:
*Alla fine di Bourke Street, di notte, il
Palazzo del Parlamento si riflette nella
grande vetrata del bar del Windsor Hotel.*

A destra:
*La magnifica fontana nel giardino
antistante l'Exhibition Building.*

L'oro tramutò in realtà molti sogni del secolo scorso e la città crebbe perciò con una ricchezza ornata ed uno stile che ancora oggi le dà l'aspetto di storica grandezza e spaziosità.

La parte vicino la Spring Street è l'esempio più magnifico della Melbourne degli anni 1880. Dallo svettante splendore delle tre guglie della cattedrale cattolica di San Patrizio, oltre l'elegante Princess Theatre, fino a dove sorgono i grandi palazzi dello Stato — un Palazzo del Parlamento, alto sulla sua scalinata, con un porticato corinto che sembra aleggiare sopra il trambusto della Bourke Street; un Palazzo del Tesoro, perfetto nelle sue più modeste proporzioni, e dietro di esso un Palazzo della Cancelleria con la sua nobile facciata che guarda sui Treasury Gardens. Di fronte ai palazzi governativi si erge il maestoso Windsor Hotel dove i parlamentari della nobiltà terriera e dignitari stranieri alloggiarono in gran stile. Altri invece alloggiavano al Melbourne Club, dietro l'angolo sulla Collins Street, per lungo tempo il vero trono informale del potere e del privilegio della città.

Qui, in una via alberata che ha un'aria molto parigina, si trovano le ex residenze cittadine dei ricchi e potenti del passato, la chiesa Indipendente, la Battista e la Scozzese; il palazzo dell'Ateneo, il grande magazzino alla moda di Georges, il Palazzo Municipale con il suo grande porticato e la torre dell'orologio.

Lungo la discesa di Collins Street, oltre il Block Arcade, la passeggiata di moda della fine del secolo scorso, si risale dall'altra parte nella zona "commerciale" — il cuore finanziario dell'Australia nel secolo scorso e nel presente. Qui si trovano le sedi centrali delle maggiori istituzioni finanziarie, le banche con i loro ornati saloni del commercio, il gotico veneziano palazzo della E.S. and A. Bank e la vecchia Bank of Australasia con la facciata in stile Regency. Fra i nuovi grattacieli si trovano ancora molti distinti vecchi palazzi fra i quali un gruppo di veri e propri capolavori dell'architettura gotica, il Rialto, il Winfield, il South Australian Insurance e l'Olderfleet.

Ma la Collins Street è solo una parte della Melbourne storica. Altri classici esemplari della città sono il Palazzo della Dogana, a fianco al fiume, un'imponente costruzione che oggi contiene gli uffici governativi federali; la vecchia Zecca Reale; il dignitoso palazzo del Tribunale; la Libreria Pubblica con il suo colonnato corinto e la cupa Vecchia Prigione, oggi famoso museo.

Proprio fuori della City è l'enorme stadio Melbourne Cricket Ground — il punto focale di una città pazza per lo sport, dove converge da tutto lo Stato un publico enorme.

Il MCG fu trasformato, con l'aggiunta di una grande moderna tribuna e pista per l'atletica per ospitare le gare principali e le cerimonie di apertura e chiusura dei giochi Olimpici del 1956. Gli abitanti di Melbourne vi videro imprese eccezionali come quelle del fondista russo Vladimir Kuts, dello sprinter americano Tom Morrow e dei campioni di casa Betty Cuthbert, John Landy e "Chilla" Porter. Questo stadio ad altri sei nella zona metropolitana risuonano di boati assordanti il sabato pomeriggio quando si gioca il Football Australiano, lo sport invernale principale ed una vera ossessione come lo può essere il calcio in Italia — uno sport che attira oltre 100.000 spettatori alla gran finale.

Lo stadio è anche il tempio di un altro popolarissimo sport, il cricket. Ogni estate vi si svolgono le epiche battaglie contro l'Inghilterra, oppure l'India, il Pakistan, la Nuova Zelanda o le Indie Occidentali.

Regolari corse ippiche — inclusa la Melbourne Cup di fama mondiale, sono un'altro aspetto dello sport per spettatori (per coloro che preferiscono invece praticare lo sport, Melbourne ha eccellenti attrezzature per qualsiasi disciplina sportiva — golf, tennis, vela, equitazione, canottaggio, ciclismo, squash, nuoto, pattinaggio su ghiaccio, pallacanestro, tennis da tavolo o semplicemente jogging. Jogging è il termine usato per descrivere il correre al piccolo trotto, tanto popolare negli ultimi anni fra uomini e donne di tutte le età che vogliono mantenere la linea ed una certa prestanza).

Il Football Australiano, uno sport che iniziò nel 1858 per mantenere i giocatori di cricket in forma durante l'inverno, virtualmente sconosciuto fuori dell'Australia, è lo sport più popolare a Melbourne. Oltre 150.000 spettatori assistono alle partite delle dodici squadre che formano la Lega — e la febbre cresce durante il periodo del torneo finale a Settembre. Il colore, la tensione, lo spettacolo di una gran finale creano una indimenticabile esperienza sportiva.

Questo sport viene giocato a tutti i livelli, dai tornei scolastici, ai tornei metropolitani e provinciali. Nel Football Australiano le squadre sono composte da 18 giocatori e la palla ovale può essere calciata e presa con le mani, ma un giocatore non può correre con la palla in mano senza farla rimbalzare a terra almeno ogni tre metri. I regolamenti molto semplici permettono un gioco veloce ed aperto, con lunghi tiri di piede e passaggi di pugno e spettacolari salti in aria per afferrare la palla — il fatidico "mark" che dà al giocatore la possibilità di calciare da fermo senza essere contrastato.

Il Football Australiano viene giocato anche nel Western Australia, South Australia e Tasmania, ma a nord del confine del Victoria regna supremo il rugby, e l'egemonia del Football Australiano è in sempre maggior pericolo dall'avanzare del calcio, specialmente da quando l'Australia raggiunse la finale della Coppa del mondo. Questo sport è stato per anni patrocinato dagli immigrati europei e molte squadre hanno ancora nomi come Juventus, Hellas, Polonia, Austria, Azzurri. Fino a pochi anni fa esistevano solo competizioni al massimo livello statale, in cui la Juventus di Melbourne vinse anch'essa cinque scudetti consecutivi come la illustre consorella di Torino; recetemente è stata formata la Lega Nazionale.

Sotto:
Il Melbourne Cricket Ground visto dall'alto durante la gran finale del Football Australiano.

A destra:
L' interno dello stadio durante la partita.

Les Thompson

Gary Lewis

63.

Gary Lewis

Gary Lewis

Il primo sport organizzato a Melbourne fu l'ippica. Il Melbourne Racing Club fu formato nel 1838 nella locanda di John Pascoe Fawkner e la prima corsa ebbe luogo nel Marzo dello stesso anno — con carri da traino che servirono come tribune per gli spettatori.

Due anni dopi si formò anche il Port Phillip Turf Club e corse si svolgevano nel luogo dove oggi sorge l'ippodromo di Flemington e che in quei giorni si raggiungeva con battelli lungo il fiume Maribyrnong.

La prima Melbourne Cup, sulla distanza di due miglia, ebbe luogo nel 1861. Una corsa ad handicap, divenne presto una classica e per il 1881 il pubblico che assisteva alla corsa era arrivato a 100.000. Oggi la data della corsa — il primo martedì di Novembre — è una vacanza pubblica e l'intera nazione quasi si ferma completamente alle 2.40 del pomeriggio per ascoltare la trasmissione della corsa.

La scena all'ippodromo di Flemington il giorno della corsa — e durante il programma che include quattro giornate di corse in una settimana — è piena di colore e carico di emozioni. La giornata può cominciare al mattino con una colazione di pollo e champagne dal bagagliaio dell'automobile nel parcheggio riservato ai membri del Club e, per i fortunati vincitori, finire a tarda sera nello champagne bar.

L'alta moda delle signore è qualcosa d'ammirare mentre le esponenti del gentil sesso passeggiano per i prati come tante modelle in passerella, alcune sperando magari di colpire l'attenzione di un fotografo ed essere "immortalate" nelle pagine sociali e di moda dei giornali.

Flemington esplode di colori — infatti è primavera in Melbourne e i giardini e le aiuole sono piene di fiori, quasi a competere con i colori e la grazia delle eleganti signore, e con le sgargianti camice di seta dei fantini. E c'e gente ovunque e soldi, tanti soldi, entrano ed escono dalle borse degli allibratori e dalle casse dei totalizzatori.

È uno spettacolo unico, che può verificarsi solo nella magnifica primavera di Melbourne, una città con un senso sconfinato per il nobile sport dell'ippica e che per esso impazzisce ogni primo martedì di Novembre.

Sopra a sinistra:
L'isterismo del sabato pomeriggio alle partite di Football Australiano assurge quasi ad un culto.

Sopra a destra:
L'Australia ha fatto passi da gigante nel calcio, raggiungendo la finale della Coppa del mondo. È particolarmente popolare a Melbourne che ha ottime attrezzature come l'Olympic Park, il campo dove gioca la Juventus e dove si svolgono le partite internazionali.

A destra:
La Melbourne Cup di ippica.
1. L'impiegato di un allibratore conta i soldi come sfogliasse margherite con il classico "mi ama, non mi ama . . ."
2. L'ex Primo Ministro del Victoria, Sir Henry Bolte, guarda con ansia l'arrivo di una corsa.
3. La moda delle donne per il grande evento va dal sofisticato al ridicolo, ma i cappelli sono praticamente immancabili.
4. Il colore e la spettacolarità della folla che assiepa ogni angolo dell'ippodromo.
5. Tutti gli occhi sono fissati sulla corsa e qualcuno fa una dieta a base di unghia delle mani.
6. Ingenti fortune si fanno e si perdono sulla velocità di questi magnifici cavalli da corsa.

64.

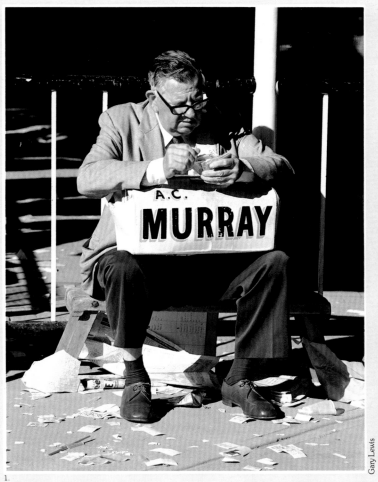

1.

2.

3.

4.

5.

6.

Corse ippiche si svolgono a Melbourne tutti i sabati e tutti i giorni di vacanza durante l'anno intero in quattro ippodromi — Flemington, Caulfield, Moonee Valley e Sandown; ci sono anche corse ippiche al fine settimana, e a volte anche durante la settimana, in molti ippodromi di provincia. Il trotto ha luogo di sabato sera a Moonee Valley durante la primavera, l'estate e l'inizio dell'autunno.

Corse di levrieri sono molto popolari, specialmente all'Olympic Park e a Sandown Park il lunedì e il giovedì sera.

Oltre agli allibratori negli ippodromi, si può scommettere in una catena di agenzie controllate dall'ente governativo del Totalizzatore. Un immenso computer calcola l'ammontare totale delle scommesse e i prezzi pagabili per i cavalli vincenti e piazzati.

Sotto:
1. *Corse di levrieri sono molto popolari specialmente all'Olympic Park, appena fuori della città.*
2. *Il trotto notturno a Moonee Valley è uno spettacolo che ha molti seguaci.*
3 e 4. *Una delle agenzie del Totalizzatore: ve ne sono centinaia nella città e nei sobborghi e vi si può scommettere su corse ippiche della città, della provincia e degli altri stati; sul trotto e sui levrieri.*

A destra:
Lo sport velico è molto popolare, ma non certo adatto per i deboli di cuore o quelli con piccole tasche. Per una città sul mare lo sport della vela è cosa naturale, sia si tratti dei grandi panfili da oceano aperto o delle piccole imbarcazioni per padre e figlio sul lago di Albert Park.

Gary Lewis

Gary Lewis

1.

Graeme Webber

Peter Hill

3.

4.

66.

Gary Lewis

L'estate è la stagione favorita per gli abitanti di Melbourne appassionati di sport — "i pazzi in flanella" sono nuovamente di scena sui campi di cricket intorno alla città e nei sobborghi per partite di campionato locale, oppure per partite di companionato fra stati, lo Sheffield Shield, o internazionali — senza parlare poi dello speciale torneo internazionale promosso negli ultimi anni da Kerry Packer.

I campionati statali di tennis e, a volte i campionati nazionali o la finale di Coppa Davis, si svolgono al Kooyong Tennis Club mettendo di fronte i migliori campioni esteri con gli idoli locali come John Newcombe e Evonne Cawley (Goolagong prima di sposarsi). Importanti tornei di golf per professionisti si svolgono su alcuni dei migliori campi del mondo. Canottieri gareggiano sullo Yarra e atleti all'Olympic Park. La stagione delle gare automobilistiche si svolge sugli autodromi, il principale dei quali è Sandown Park.

Melbourne è una città ideale per tutti gli sport per abitanti e turisti, per i vecchi e per i giovani. Ci sono innumerevoli clubs di tennis, di golf e di bocce su prato; la baia di Port Phillip è piena di panfili e motoscafi che gareggiano o vanno a diporto sul mare circondato da larghe spiagge. Poco lontano ci sono le spiagge della penisola Mornington che danno sull'oceano, o quelle della penisola Bellarine, passato Geelong, ideali per il surfing.

Tutti i sobborghi hanno almeno una piscina, molte di misure olimpiche; piscine private sono diventate molto comuni negli ultimi tempi, quasi una parte essenziale della calda estate di Melbourne.

A soli due chilometri e mezzo dal centro della città c'è il magnifico complesso sportivo di Albert Park, su un'area di 232 ettari, con venti campi da gioco — calcio, football australiano, hockey — un campo di golf regolamentare e due per allenamenti, campi da tennis, badminton, pallacanestro, centri di tennis da tavolo e di squash. Il lago, lungo due chilometri e mezzo, viene usato per gare veliche e di canottaggio. Due altri complessi sportivi vicino la città sono l'Olympic Park e il Royal Park.

68.

La veduta aerea di Melbourne è cambiata drammaticamente negli ultimi dieci anni. Una foresta di alte costruzioni, brillantemente illuminate e spettacolari di notte, è sorta nella parte della città che è sempre stata il "cuore" finanziario dell'intera nazione.

La maggior parte delle grandi compagnie minerarie, manifatturiere e commerciali d'Australia hanno la loro sede centrale in questa parte di Melbourne e la città continua nel suo tradizionale ruolo di "capitale economica" d'Australia, mobilitando fondi per il commercio e per l'industria.

Qui i direttori e gli amministratori delegati prendono decisioni che si riverberano attraverso tutta la nazione — l'apertura di una miniera nel Northern Territory, uno stabilimento nel Western Australia o una fabbrica nel Queensland...

I finanzieri di Melbourne hanno forti legami con gli istituti di credito e i mercati monetari di tutto il mondo e questi legami sono spesso risultati nella formazione di imprese e istituzioni finanziarie in società fra gruppi economici australiani e stranieri. Banche, compagnie di assicurazione e la Borsa sono anche parte della complessa rete di alta finanza della città.

Pagina precedente:
Melbourne vista dall'alto. La proliferazione di grattacieli ha cambiato drammaticamente la veduta aerea della città.

Sotto:
L'uscita della stazione di Flinders Street al mattino quando un esercito di impiegati e commessi invade la città dai sobborghi.

A destra:
Il palazzo della B.H.P. quartiere generale di una delle maggiori compagnie minerarie e industriali.

73.

Courtesy of the Dept. of Overseas Trade

Dietro la civica serenità di Melbourne ferve una gigantesca struttura industriale. Il Victoria — isolato e protetto dalle grande industrie europee all'altro capo del mondo e con la ricchezza e aumento di popolazione risultanti dalla scoperta dell'oro, iniziò la sua tradizione commerciale ed industriale nella seconda metà del 19mo secolo. Fabbriche sorsero ovunque per produrre attrezzature minerarie, prodotti tessili, vetro e carta, locomotive, vagoni e carrozze, attrezzatura agricola, fertilizzanti e prodotti chimici e tanti altri beni di consumo.

Il Victoria è rimasto il più intensamente industrializzato stato d'Australia responsabile per un terzo della produzione industriale della nazione. L'industria del Victoria è accentrata principalmente intorno a Melbourne, nei sobborghi industriali a nord e a est e centri industriali a sud. Ma c'è anche un notevole sviluppo industriale lontano dalla metropoli — come a Geelong, Bendigo, Ballarat, Albury-Wodonga, Wangaratta e Warrnambool.

L'industria vive su un ricco mercato australiano di 14 milioni di abitanti, facile accesso ai mercati del Pacifico e si alimenta con le notevoli risorse naturali locali, la stabilità politica, una manodopera specializzata, una locazione vantaggiosa rispetto ai trasporti terrestri e marittimi.

Tutti questi fattori hanno contribuito all'aumento dell'800% della produzione industriale del Victoria dal 1950 ad oggi. Le principali aree di grande sviluppo sono state le industrie tecnicologicamente più avanzate

— come macchinari elettrici, carta e plastica, fertilizzanti e prodotti chimici, macchinari industriali, acciaio e alluminio.

L'espansione industriale dello Stato è stata facilitata dall'afflusso di oltre un milione di immigrati negli anni del dopoguerra e i grandi investimenti di compagnie internazionali.

Compagnie industriali grandi e piccole, spinte da un sentito interesse a livello statale e locale per la qualità della vita e dell'ambiente, hanno sempre sentito il dovere di costruire fabbriche attraenti in un ambiente congeniale. L'industria di Melbourne è principalmente leggera o media e la città non ha un grande problema di inquinamento dell'aria e dell'acqua, grazie anche alla vigile attenzione che esercita in questo campo l'apposito ente governativo.

Sopra:
Lo Jindvik. Un aereo telecomandato prodotto nella fabbrica aerei governativa.

A destra:
1. Il recuperatore Escher della Weldrite viene imbarcato alla volta degli Stati Uniti.
2. Un lingotto di acciaio di 37 tonnellate alla Vickers Ruwolt, uno dei più grandi complessi metalmeccanici d'Australia.
3. La fonderia della Vickers Ruwolt. L'acciaio liquido viene versato in forme pronte.

1.

2.

3.

Uno stato agricolo provvede una forte spina dorsale alla prosperità e vita commerciale di Melbourne. I rigogliosi pascoli del Gippsland, gli immensi terreni ondulati del distretto occidentale e della regione centrale, le grandi distese irrigate del nord e della zona semidesertica di Mildura — l'intero stato, fertile e climaticamente avvantaggiato, produce circa un terzo nazionale di carne bovina; metà del latte, burro e formaggio; circa tre quarti di uva secca ed un quinto della lana.

Melbourne è il centro principale dove converge la produzione agricola dello stato e porto di partenza verso i mercati mondiali. La lana prodotta da 34 milioni di ovini si ammassa in giganteschi magazzini e i mercati del bestiame di Newmarket sono i più grandi ed attivi dello stato. Complessi che processano la carne, prodotti del latte e la frutta, i finanzieri agricoli e i fornitori di attrezzature agricole formano una parte notevole della vita commerciale di Melbourne.

Sopra:
Enormi scavatrici meccaniche in azione nei grossi giacimenti di carbone le cui riserve accertate potranno provvedere elettricita a basso costo per la maggior parte del prossimo secolo.

A destra:
L'esplorazione per il petrolio nel Bass Strait. Il consorzio Esso-B.H.P. continua le esplorazioni sul bacino marino per trovare una risposta al diminuire delle riserve e al continuo aumentare del prezzo dell'oro nero.

Con i limiti della produttività del bacino petrolifero di Bass Strait ancora sconosciuti, i pianificatori di energia stanno studiando la possibilità di trasformare in petrolio il carbone ed è possibile che un giorno non molto lontano l'Australia produrrà tre quarti del suo fabbisogno di petrolio dal carbone. Intanto esplorazioni per l'oro nero continuano nel Bass Strait, uno dei più pericolosi tratti di mare del mondo.

Il Consorzio ESSO-B.H.P. produce al momento il 60% del fabbisogno nazionale di petrolio ed è in gran parte responsabile per aver reso l'Australia immune dal continuo aumento dei prezzi del petrolio in tutto il resto del mondo. Gas naturale dal bacino del Bass Strait è sufficiente per il consumo di Melbourne e di altri grossi centri provinciali verso i quali viene convogliato tramite una rete sempre più fitta di metanodotti. Le riserve accertare potranno continuare a soddisfare la necessità locale fino a prossimo secolo inoltrato.

79.

Sopra:
La centrale elettrica di Hazelwood è una delle quattro che producono assieme l'80% dell'energia elettrica dello stato del Victoria, tutte alimentate dal carbone. Centrali più grandi e più efficienti sono in avanzato stato di pianificazione per far fronte alla sempre maggiore richiesta di energia elettrica.

A destra:
Il serbatoio Cardinia, nel cuore della zona collinosa dei Dandenongs, contiene 272,000 megalitri di acqua. Una diga che aumenterebbe la capacità attuale di ben cinque volte è gia in programma per il futuro.

Gas naturale, petrolio, carbone, acqua — il Victoria abbonda di risorse naturali capaci di sostenere il suo crescente impeto industriale fino ad almeno la metà del 21mo secolo e, probabilmente, oltre.

La sua più grande ricchezza naturale è il carbone che viene usato per la generazione dell'80% dell'energia elettrica dello stato in quattro centrali elettriche situate presso i giacimenti di carbone nella Latrobe Valley. Profondi strati di carbone, a volte solo sei metri dalla superfice, si estendono ovunque nella regione della valle. I geologi stimano che le riserve di carbone nello stato possano essere fino a 115,000 milioni di tonnellate — sufficiente per centinaia di anni.

Melbourne è idealmente fornita di acqua dai bacini di raccolta del Great Dividing Range e nella regione circostante la città esiste tutta una catena di immensi serbatoi per l'irrigazione, il bestiame e le necessità delle città di tutto lo stato.

Melbourne ha una estesa ed efficiente ferrovia metropolitana che si irradia dal centro verso i più lontani sobborghi e città satelliti. Ad essa si sta aggiungendo una circolare sotterranea che dividerà il traffico enorme, ora accentrato nelle due stazioni di Flinders Street e Spencer Street, in una serie di stazioni sparse attraverso la City.

Ma la vecchia Melbourne piena di grazia — quella del Windsor Hotel che ricorda il Savoy di Londra, è meglio conosciuta per i suoi trams. Non è saggio per un visitatore fare osservazioni irrispettose verso i trams, perchè essi sono a Melbourne una tradizione molto amata. E sono anche così pratici. Essi non vengono rallentati dal traffico automobilistico perchè hanno una sezione a loro riservata al centro delle larghe strade. Essi non emettono fumi di scarico che inquinano l'ambiente; sono puliti, veloci ed efficienti sia per il traffico cittadino che per quello subburbano, poichè le tranvie si estendono molto lontano dal centro, attraverso una metropoli in maggior parte pianeggiante. Linee tramviarie nuove sono in processo di realizzazione e nuovi trams stanno pian piano sostituendo i classici esemplari verde-giallo che hanno così ben servito il pubblico di Melbourne per tanti anni. La fitta rete tramviaria si estende su un raggio di oltre 20 chilometri.

Per il turista essi possono essere una novità, quasi un anacronismo, ma per il pubblico di Melbourne sono una necessità — un'altra dimostrazione della indipendenza di Melbourne e della sua intenzione di non abolire indiscriminatamente tutte le cose belle

ed utili del suo nobile passato. Negli anni 1950 le altre capitali di stato consideravano Melbourne stupidamente retrograda perchè era l'unica grande città a conservare i suoi trams. Oggi che i trams hanno dimostrato la loro grande utilità nel piano generale dei trasporti pubblici metropolitani e il loro enorme contributo positivo al problema ecologico, altre città invidiano questa lungimiranza dei pianificatori di Melbourne: la città, grazie ai suoi trams, è rimasta pulita, senza eccessivi ingorghi e con molta della sua antica grazia.

Le ferrovie, dopo l'automobile, sono il principale mezzo di trasporto pubblico durante le ore di punta. Non esiste alcun dubbio sulla politica governativa impegnata a migliorare continuamente i trasporti pubblici anche a costo di ingenti sovvenzioni. Esiste una fitta rete di ferrovie metropolitane ed un eccellente servizio per i centri sul mare e nell'interno dello stato. La VicRail (Ferrovie del Victoria) provvede anche una serie di itinerari turistici completi con alloggio e giri turistici sul posto.

Melbourne è una grande città secondo tutti i criteri internazionali, qualcosa sullo stile di Los Angeles, su un terreno pianeggiante che va verso le colline. È inevitabile che il sistema dei trasporti pubblici di una città sia dettato in gran parte dalla sua topografia. Melbourne è una città di automobili. È quasi totalmente immune dalle congestioni del traffico, tipiche di tutte le metropoli del mondo, dal fatto che i primi cavalli importati a Melbourne erano immensamente grassi oppure perchè la lungimiranza dei

pianificatori della città era stata ammirevole. Qualunque dei due sia il motivo, il fatto è che Melbourne ha vie e strade molto larghe alle quali negli ultimi tempi sono stati aggiunti tratti di magnifiche autostrade. Queste però sono contenute in misura ideale e non costituiscono barriere all'uniforme e continuo scorrere della metropoli.

Il turista può perciò rassicurarsi che in Melbourne, che pure è una città dell'automobile, non si troverà in difficoltà senza averne una, grazie ad una eccellente rete di trasporti pubblici. Dopo Londra, il servizio dei tassì di Melbourne è probabilmente il migliore del mondo: sono puliti, gli autisti sono cortesi e conservano ancora la filosofia che il cliente ha sempre ragione. I trams, oltre al loro interesse storico, offrono un servizio efficiente con l'aggiunta di autobus in alcune zone. Il servizio ferroviario è eccellente nella zona metropolitana e verso i centri della provincia e gli altri stati. Una circolare sotterranea è in via di completamento.

83.

Per capite l'uso dell'automobile in Australia è probabilmente pari a quello del Nord America — indubbiamente in testa a tutte le graduatorie mondiali in questo campo. Il numero delle automobili è molto alto, esiste un ottimo sistema stradale che in Victoria e in Melbourne è indubbiamente il migliore di tutta l'Australia per le sue arterie larghe, pianeggianti e lisce. Questa caratteristica ha permesso alle autorità governative di limitare il prolificare di autostrade e così conservare al massimo la bellezza della città. Il continuo miglioramento dei trasporti pubblici sta inducendo molti a lasciare le proprie automobili negli appositi parcheggi di stazioni limitrofe e recarsi in città con il treno.

Ma Melbourne rimane pur sempre una città molto conscia dell'automobile come è evidenziato dalla fitta rete di motels, stazioni di servizio e caselli stradali. Quasi tutti coloro che hanno l'età legale per guidare hanno un'automobile e le più comuni sono quelle di tipo "compatto" e di media misura e cilindrata; le grandi automobili americane, ad eccezione forse delle Ford LTD e Fairlane, non sono molto popolari. Chi può permettersele, preferisce le europee Mercedes, Volvo, Jaguar, Alfa Romeo.

Ma le locali Ford e General Motors producono una vasta gamma di automobili e lottano continuamente per la supremazia del mercato nazionale. Le marche giapponesi sono il terzo nucleo della grande concorrenza, specialmente nel campo delle utilitarie.

Perciò Melbourne è una città

dell'automobile, per il lavoro, per le gite in campagna, per il mare, per i picnics. Ma non è una città strangolata dal traffico automobilistico e non lo diventerà. Il Governo è fermamente intenzionato ad evitare questa caratteristica molto comune alle altre grandi città del mondo. Qui non si vogliono le grandi cicatrici al paesaggio causate dalle autostrade; non si vuole l'inquinamento dell'ambiente, non si vuole eccessivo spreco di energia. E, con la sua capacità di preservare il meglio del passato, Melbourne ha riscoperto la bicicletta. Esiste e si sta estendendo un sentiero riservato alle biciclette lungo lo Yarra e velocipedi sono a noleggio in molti parchi. Nel 20mo secolo, in una città molto orientata verso l'automobile, Melbourne continua a viaggiare con molta della grazia del passato.

Sotto e a destra:
Melbourne sta diventando sempre più una città orientata verso l'automobile. Sebbene il sistema stradale attuale sia di un ottimo standard, moderni tratti di autostrade vongono costruiti per far scorrere ancora più rapidamente il traffico attraverso la città e i sobborghi. Due classici esempi sono la South Eastern (sotto) e la F 83 (a destra). Ecologi ed abitanti tengono sempre in controllo però i pianificatori per evitare eccessive cicatrici d'asfalto nel magnifico verde paesaggio.

Gary Lewis

A differenza di quello di Sydney, che ha restrizioni di operazione notturna, l'aeroporto internazionale di Melbourne è in funzione 24 ore al giorno, sette giorni la settimana. Inaugurato nel 1970, è uno degli aeroporti più moderni e funzionali del mondo con una capacità di 76 aerei.

Le due maggiori compagnie aeree nazionali — Trans Australian Airlines (un ente governativo) e la Ansett Airlines — operano da questo aeroporto. Circa venti compagnie internazionali fanno scalo a Melbourne. Gli arrivi aerei sono al secondo posto nel totale dei visitatori della città e la maggior parte arrivano al Melbourne International Airport che dista 17 chilometri dal centro. L'aeroporto non ha la tipica aria incolore e non è eccessivamente affollato. Con i costanti arrivi delle linee aeree nazionali è sempre pieno di attività, ma senza il nervoso trambusto. Giardini di rose e alberi indigeni abbelliscono i suoi autoparcheggi e la strade di accesso.

L'aeroporto ha ottimi servizi per pubblico e passeggeri. Vi sono tre ristoranti, diversi bars, cartolerie, farmacie, parrucchieri, caffè, cambiavalute, facilità telefoniche e postali, uffici di nolo automobili, docce e tutta una serie di macchine a gettoni che erogano dalle bibite al dentifricio.

Vicino all'aeroporto internazionale c'è quello di Essendon, il vecchio aeroporto principale di Melbourne. Da Essendon e da Moorabbin, a venti chilometri dall'altro lato della città, operano piccole compagnie di nolo. A causa delle immense distanze terrestri e dalle isole, i servizi di queste piccole compagnie sono molto richiesti da australiani ed americani sia per viaggi d'affari che per vacanze.

Sopra:
L'aeroporto internazionale di Melbourne, Tullamarine, è disegnato per l'era dei supersonici e dei viaggi di massa. Le due compagnie nazionali trasportano milioni di passeggeri ogni anno e le compagnie internazionali facilitano la crescita del turismo, dell'immigrazione e del commercio.

A destra:
Il molo di Victoria Dock (sopra) e il porto merci di Port of Melbourne (sotto) sono i principali centri di arrivo e imbarco marittimo di merci.

87.

Miti primavere, seguite da lunghe calde estati
e tiepidi autunni hanno dato agli abitanti di
Melbourne l'opportunità di godere e
innamorarsi della vita all'aperto. Ma
l'immagine del tipico australiano atletico e
abbronzato è stata rimpiazzata da quella di
un fanatico del football obeso dalla birra e
dal troppo mangiare.

Il Ministero per lo Sport, la Gioventù e la
Ricreazione ha satirizzato questa comune
immagine con "Norm" — un personaggio
che ama chiamarsi "grande sportivo" perchè
segue tutti gli sports comodamente seduto
davanti al televisore, tracannando birra e
accumulando grasso. Norm è l'antieroe della
campagna pubblicitaria "Life. Be in it"
(Prendi parte alla vita) che si prefigge di
riportare il pubblico allo sport e all'attività
fisica, anche se solo ad una semplice
passeggiata nei giardini, invece che poltrire
davanti al televisore. La campagna ha avuto
un enorme successo e la maggior parte della
gente ha ricominciato a vivere una esistenza
più attiva e salutare.

1.

2.

3.

4.

6.

5.

7.

Sopra:
Gare di surfing su una spiaggia di Phillip Island, un''isola che si raggiunge attraverso un ponte che la congiunge alla terraferma.

A destra:
L'ora del pasto allo zoo crea piacere per i bambini, per gli adulti e per i pellicani.

È probabilmente vero che la maggior parte di questo libro cade sotto la generale testata di attività di divertimento. Partecipazione agli sports in qualità di spettatori è pur sempre dominante, ma la maggior parte degli abitanti di Melbourne, compresi quelli di mezza età, si considerano degli atleti di un modo o di un altro. La loro partecipazione attiva allo sport potrebbe limitarsi a quattro calci al pallone o due lanci della palla da cricket con i bambini, ma in linea generale molti professano qualche sport attivo. Molti praticano il golf, il tennis o lo squash. Quasi tutti nuotano in estate.

Melbourne è ideale per i bar-b-ques, pasto all'aperto a base di carne arrostita sulla fiamma, che è una delle attività favorite. La maggior parte delle famiglie hanno un bar-b-que di qualche tipo nel giardinetto dietro casa; inoltre ci sono bar-b-ques a gas nella maggior parte dei parchi pubblici e altri a legna in molti luoghi da scampagnate.

Grazie al clima e agli enormi spazi aperti di Melbourne, il visitatore si troverà prima o poi a partecipare ad uno di questi popolari bar-b-ques.

Michael Keating

L'istruzione è ancora molto basata sul sistema inglese da cui derivò. È stata sempre caratterizzata da una distinsione di classe, con le scuole "bene" come Scotch College e Melbourne Grammar da una parte e le "masse ignoranti" dall'altra. Solo negli anni più recenti questa distinsione è praticamente scomparsa.

La pubblica istruzione è essenzialmente a tre livelli — elementare, media e terziaria. L'alto livello scolastico di Melbourne è riconosciuto anche all'estero. Una laurea da una delle Università di Melbourne viene accettata per l'ammissione ad un corso per il dottorato in qualsiasi Università del mondo. Il alcune specializzazioni l'Università di Melbourne è all'avanguardia nel mondo. Il Walter and Eliza Hall Institute di Melbourne, il cui pioniere fu il Premio Nobel Sir Macfarlane Burnett ed è ora diretto da un altro eminente scenziato, Sir Gustav Nossal, è uno dei maggiori centri di ricerca medica del mondo. L'ex Primo Ministro Sir Robert Menzies fu un grande sostenitore della istruzione a livello universitario. Egli lasciò il suo indelebile marchio in questo, come in altri campi, con una formidabile spinta al progresso degli studi e delle ricerche con sovvenzioni e riconoscimenti, sia durante il suo lungo periodo di governo che durante gli anni in cui fu Cancelliere dell'Università di Melbourne.

Sotto:
Lo stile di vita dei sobborghi interni. I ragazzi abitano, giocano e vanno a scuola nello stesso rione.

A destra:
Una partita di football australiano il sabato mattino sul campo della Melbourne Grammar School — una delle scuole "bene" di maggior tradizione a Melbourne.

A destra in basso:
La scuola media di Ferntree Gully. L'istruzione media negli ultimi anni è diventata molto progressiva. Classi all'aperto, allargamento del curriculum, liberalizzazione del modo di vestire degli studenti e un maggior cameratismo da parte degli insegnanti, sono alcuni dei fattori che hanno indotto più giovani a completare la loro istruzione media.

Graeme Webber

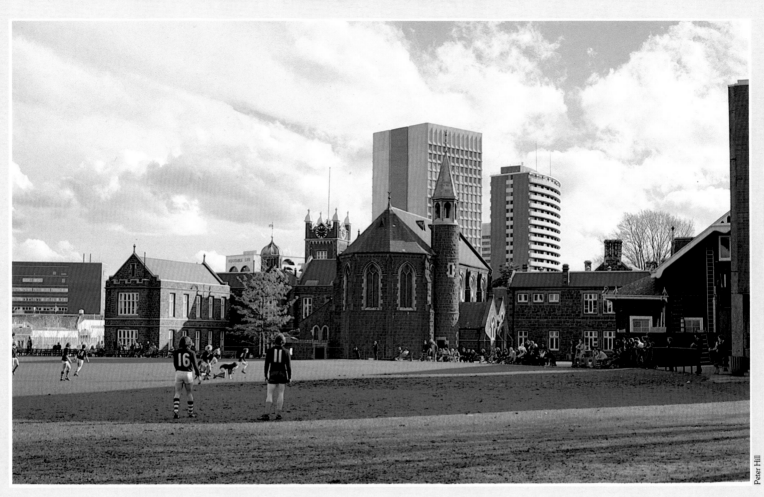

Melbourne ha quattro Università principali; dozzine di collegi tecnici avanzati; migliaia di classi per adulti. Poichè tre delle quattro Università sono ancora considerate relativamente nuove, è particolarmente interessante notare che queste stanno ottenendo ottimi risultati specialmente con studenti adulti, molti dei quali non avevano i requisiti accademici generalmente richiesti per l'ammissione. Questo esperimento è ancora nuovo e limitato. Ma il drappello di laureati — principalmente casalinghe — hanno concorso ottimamente nell'ottenimento di lavoro contro laureati del sistema tradizionale.

Sotto:
Intitolata a Charles Joseph LaTrobe, L'Università LaTrobe forma con quella di Monash e Churchill il trio delle Università nuove di Melbourne.

In alto ed in basso a destra:
L'Università di Melbourne. Costruita intorno al 1850-60, ha una reputazione pari alle maggiori Università del mondo.

Courtesy of LaTrobe University

Peter Hill

Graeme Webber

Probabilmente l'aspetto della vita di Melbourne che è più cambiato negli ultimi venti anni è il tipo e la qualità dei beni di consumo e dei servizi ottenibili dai suoi cittadini. Melbourne, capitale commerciale d'Australia, è una grande esponente della società consumeristica. E una delle più ricche. Pochi degli abitanti di Melbourne non abitano vicino a un supermercato gigantesco. I termini "super" e "gigantesco" possono apparire eccessivi, ma non lo sono in questo caso particolare. Ciò nonostante prosperano ancora i piccoli negozi, i milk bars, che offrono un'alternativa ai freddi supermercati e sono aperti sette giorni la settimana dal mattino presto alla sera tardi.

Melbourne è il fulcro dell'industria del vestiario e della moda d'Australia e molte ditte di Melbourne esportano in diverse parti del mondo o hanno addirittura fabbriche in Nord America. I dettaglianti di moda e vestiario, dall'enorme Myer Emporium alle piccole boutiques, offrono perciò quanto di meglio si possa trovare in qualsiasi altra capitale del mondo. Se poi si desidera il meglio delle marche mondiali, anch'esse sono ampiamente rappresentate.

L'affluenza di Melbourne le dà anche una delle più alte percentuali del mondo di famiglie che sono proprietarie della casa in cui abitano; praticamente ogni famiglia ha almeno un'automobile e un numero eccezionale di moderni elettrodomestici, magari pagati facilmente a rate poichè entrambi i genitori lavorano. Il Governo vigila, nell'interesse del cittadino, su questo immenso apparato consumeristico tramite il

Ministero per i Consumi.

Ma forse il miglior aspetto di questo cambiamento degli ultimi venti anni è stato il ritorno ai mercati rionali. Il mercato Victoria, proprio nella zona della City, è riuscito a sopravvivere molti tentativi di rilocarlo. Sotto le sue tettoie di metallo, negli enormi saloni si trovano macellerie larghe solo tre metri, carrelli di frutta, pescherie, generi alimentari. Il mercato si estende per molte acri e vi si può comprare a buon prezzo ogni articolo alimentare, di vestiario e tanti altri beni di consumo. A causa della sua convenienza e della tradizionale grazia di questa antica istituzione, gli abitanti di Melbourne hanno resistito qualsiasi tentativo di spostare il mercato Victoria. Non solo, ma hanno anche favorito lo sviluppo di simili mercati in altre zone della metropoli e la creazione di mercati domenicali dove chiunque può esporre e vendere articoli di ogni genere a prezzi irrisori.

Anche se una società consumeristica, Melbourne ha anche in questo campo preservato la sua individualità, il suo attaccamento alle cose buone e utili del passato, alla grazia dei giorni antichi.

Sopra:
Knox City. Uno dei giganteschi centri di negozi. Questi centri sono completamente ad aria condizionata per il conforto dei clienti durante tutte le stagioni dell'anno.

A destra:
1. Centinaia di clienti affollano i centri di negozi il sabato mattina. Al K-Mart si può acquistare tutto, dai generi alimentari ad una carriola e un paio di coperte.
2. Mercati popolari abbondano in diversi rioni alla domenica. Ognuno può mettere in vendita articoli di cui non ha più bisogno: i rifiuti di alcuni diventano il tesoro di altri. I mercati si chiamano appunto "Rifiuti e tesori".
3. Nella Little Bourke Street negozi cinesi soddisfano le necessità della locale popolazione cinese e di tutti coloro che amano la cucina orientale.
4. Un'immagine sempre presente a Melbourne è quella del piccolo negozio nelle strade del quartiere. Anche se i supermercati offrono una immensa varietà e prezzi inferiori, i piccoli negozi prosperano ancora per il loro calore, il servizio personale e le lunghe ore di apertura.
5. Un supermercato della catena Coles New World, con il suo ambiente gaio e pieno di luce provvede le condizioni ideali per i clienti.
6. Negozi di antiquariato godono di una eccezionale popolarità in questi tempi di fervore ristoratore delle vecchie abitazioni.
7. Melbourne è generalmente considerata la capitale della moda in Australia e qui, in un negozio della Sportsgirl, le giovani amanti della moda possono scegliere il meglio del prodotto locale ed importato.
8. Grandi fabbriche in città e nei sobborghi sono state aperte al pubblico che così può comprare direttamente dal fabbricante a prezzi convenienti.

1.

2.

3.

4.

5.

6.

7.

8.

Sarebbe una questione da decidere con una partita di Two Up (il vecchio sistema di gioco d'azzardo, e spesso illegale, simile al "testa e croce" ma in cui si buttano in aria due monetine) se l'enorme afflusso di immigrati dopo la seconda guerra mondiale risultò di maggiore shock culturale a questi o agli australiani. Gli immigrati di allora trovarono un popolo che vestiva in un modo trasandato e ordinario, mangiava strane tartine di carne tritata con una salsa orribile (le famose meat pies and sauce), e beveva birra come fosse acqua. Nonostante i loro antenati fossero prevalentemente inglesi, non avevano alcun senso della cultura e della storia europee. L'effetto della immigrazione di massa fu tale che entro 30 anni Melbourne aveva una tale concentrazione di greci da formare così "la terza più grande città greca del mondo", la colonia greca locale con 200.000 unità era inferiore solo ad Atene e Salonicco. In pochi anni a Melbourne viveva gente proveniente da oltre quaranta paesi del mondo fra una popolazione totale di circa tre milioni su 210.600 ettari di sobrio conservatorismo vittoriano.

Fin dal tempo della febbre dell'oro i cinesi erano considerati parte di Melbourne e la cucina cinese era buona, ma gli italiani ed i greci e la loro cucina erano qualcosa di diverso. Quando l'antagonismo razziale sembrava dover sfociare in aperti scontri sanguinosi, un oriundo irlandese, usando lo pseudonimo di Nino Culotta, scrisse un best seller sul problema dell'immigrazione guardando agli australiani con un occhio italiano. Il libro si intitolava "They are a weird mob" e la versione cinematografica fu magistralmente interpretata da Walter Chiari. Nessun altro, ad eccezione forse di Barry Humphries, ha mai fatto tanto per far ridere gli australiani su loro stessi e le loro abitudini e conseguentemente a creare in loro una tolleranza ed accettazione delle diversità altrui. Il libro aiutò Melbourne a diventare adulta. L'immigrato diventò un "mate" (gergo popolare per amico). E quasi per miracolo gli abitanti di Melbourne aprirono le loro menti a un colore, a un gusto ed una cultura che non avevano mai conosciuto prima.

Sotto:
Su un negozio della Victoria Street in Richmond appaiono nomi di una grande varietà di specialità nazionali. Dall'australiano "pesce e patatine fritte", al greco "souvlaki", all'italianissima "pizza".

A destra:
Una vera e propria istituzione nella vita di Melbourne. L'atmosfera da aria aperta e prezzi convenientissimi fanno del mercato Vittoria uno dei più popolari e piacevoli centri per le compere.

Graeme Webber

Sopra:
*La Festa di Carlton, il popolare rione
tradizionalmente conosciuto come la
"Piccola Italia" in cui negli ultimi anni si
è formata una comunità molto più mista
che durante la tipica manifestazione
italiana si scambia doni culturali delle loro
nazioni di origine.*

A destra:
*Il giorno dell'Epifania la comunità greca
ortodossa si assiepa sui moli per la
tradizionale benedizione dell'acqua in
commemorazione del battesimo di Gesù
Cristo.*

A Melbourne ci sono festivals italiani, greci,
francesi e praticamente di ogni altro tipo e
influenza nazionale. Ci sono dei sobborghi in
cui l'inglese si sente raramente, quasi fosse
una lingua straniera. E nessuno ci fa più
caso. Anzi è quasi un motivo di orgoglio
cittadino che ci siano dei rioni in cui si parla
italiano o greco con un accento australiano.
Un censimento condotto nel 1976 dalla
Industrial Research Organization trovò che
nei sobborghi interni della città solo il 70%
degli abitanti erano nati in Australia. In un
sobborgo questa percentuale scendeva
addirittura al 49%. Immigrazione dall'Asia è
stata sempre più limitata anche se
concentrazioni della ricca cultura asiatica
cominciano ad affiorare qua e là. La "Città
Cinese" di Melbourne offre una ottima
cucina orientale.

Le abitazioni di Melbourne si dividono, grosso modo, nelle due grandi circolari dei sobborghi interni e dei sobborghi esterni. Le case sono completamente diverse fra una zona e l'altra e, come con tante altre grandi città del mondo, chi arriva in aereo e vede dall'alto i fabbricati dei sobborghi interni dice "ecco la città vecchia". La circolare esterna che comincia otre gli otto chitometri, più o meno, dal centro è la cintura in mattoni della metropoli. Contiene molte modernissime case in mattoni a uno o più piani. Ognuna ha una o due automobili, due o tre bambini e un giardino che sarebbe l'invidia di tutti in altre parti del mondo. Il tipico lotto del terreno è un quarto di acro, anche se ce ne sono molti di mezzo o di un acro. Moltissime case hanno la piscina.

Ma negli anni recenti c'è stato un ralletamento nella corsa alla casa all'estrema periferia e un ritorno ai sobborghi interni della città dove, senza essere stupidamente orgogliosi, Melbourne conserva ancora alcuni dei migliori esemplari di architettura vittoriana e eduardiana del mondo. Per molti anni queste file di case passarono inosservare e cambiarono proprietari a prezzi irrisori — nonostante il loro ovvio significato storico. Non più adesso. Le vecchie file di case di Carlton, Parkville, Albert Park, Fitzroy, Richmond e East Melbourne ora costano cifre favolose. Gli abitanti di Melbourne ora sono disposti a pagare un alto prezzo per le rinnovate abitazioni storiche con le loro alte soffitte, intime scalinate, vetrate a mosaico, ornamenti esterni in ghisa.

Naturalmente esistono ancora tuguri,

vecchie abitazioni decripite, ma molto poche. La maggior parte è stata demolita per far posto a moderni complessi di case popolari o appartamenti privati. Ma i pericoli sociali e di altri tipi connessi con le enormi case popolari hanno fatto cambiare direzione: oggi si è tornato al principio di abitazioni individuali per le zone vecchie demolite. Nell'assieme anche questa parte di Melbourne ha il suo fascino particolare: le vecchie abitazioni rinnovate, una popolazione cosmopolita che possiede un innato enorme senso del colore e del gusto e che ha perciò ridato vita e bellezza a queste strade che i nativi di Melbourne avevano lasciato decadere.

Graeme Webber

Peter Hill

Peter Hill

Peter Hill

Graeme Webber

1.

2.

3.

4.

5.

Sopra:
*I giardini Alfred Nicholas a Sherbrooke.
La calma del posto, la freschezza dell'aria
e la bellezza della vegetazione indigena
lasciano in tutti i visitatori una durevole
impressione.*

A destra
*La riserva William Ricketts, presso la
strada che zigzag sulle pendici dei
Dandenongs (la Mt. Dandenong Tourist
Highway) è una riserva permanente piena
di pace. Sentieri serpeggiano attraverso il
bosco e portano da un capolavoro
all'altro dell'artista, visibilmente disposti
fra il fogliame.*

Pagine seguenti:
In alto a sinistra:
*I tulipani sono gli incontrastati principi
della primavera a Silvan dove il terreno ed
il clima sono ideali per la cultura di questi
magnifici fiori europei.*

In basso a sinistra:
*Le cascate di Olinda possono essere
raggiunte solo a piedi, ma la magnifica
passeggiata fino al ruscello ricompensa il
visitatore con stupende vedute come
questa.*

A destra:
*Una gita dietro la sbuffante locomotiva
'Puffing Billy'' è qualcosa di
indimenticabile. Il trenino viaggia
attraverso meravigliosi scenari di foreste di
eucalipti e burroni coperti di felci su una
serie di vecchi ma solidi ponti di legno.*

Melbourne è adagiata fra il mare e le
montagne ed i suoi abitanti hanno un innato
amore per l'uno e per le altre. Le montagne,
che sembrano vegliare sugli estremi
sobborghi, sono i Dandenong Ranges che
iniziano a circa quaranta chilometri dal
centro e sono un luogo meraviglioso per i
picnics in famiglia, una camminata o una
gita in automobile fra boschi ombrosi e
giardini variopinti.

Le falde delle montagne, con la loro densa
vegetazione di alberi indigeni, ha una ottima
rete di strade tortuose che uniscono i paesotti
e i villaggi annidiati fra di esse. Molti degli
abitanti delle montagne sono entusiasti
giardinieri ed hanno introdotto nella zona
una grande varietà di alberi e fiori di origine
europea. In primavera e in autunno
particolarmente le montagne sono la meta
preferita di tanti gitanti, per il magnifico
spettacolo di colore offerto dalla flora locale
e da quella importata.

Vi sono anche larghi tratti di foreste
vergini. Uno di queste è la Sherbrooke
Forest, una delle più belle distese di
flora locale e abitacolo del raro
uccello lira. La foresta è
attraversata da sentieri che portano al
villaggio di Sherbrooke e il vicino
parco nazionale di Ferntree Gully.

Un'attrazione di una gita sui
Dandenongs è il trenino Puffing Billy che
corre fra Belgrave ed Emerald su una
ferrovia a scartamento ridotto e porta i
gitanti attraverso uno dei più bei paesaggi dei
Dandenongs — burroni coperti di felci,
foreste e piantagioni di fiori. Il trenino rosso

è tirato da una vecchia locomotiva a vapore
(da qui il nome di Puffing, che significa
sbuffante) e fa servizio durante i fine
settimana e le vacanze scolastiche. Altri posti
interessanti da visitare sono la riserva
William Ricketts, intitolata al noto scultore
di temi aborigeni i cui lavori sono ivi esposti;
il Giardino dei Rododendri, la Serra dei
Tulipani e il serbatoio di Silvan.

107.

Healesville è un luogo di foschia di montagna, ruscelli mormoranti, dense foreste di frassini. Il più grande albero che si conosca in Victoria è qui, torreggiante sul sentiero del Monte Monda con i suoi 87 metri di altezza e 19 metri di circonferenza. È un luogo per camping o per escursioni nel bosco, per scalate o per gite a cavallo. Ovunque è presente il magico incantesimo della montagna.

La bella cittadina di Healesville, tutta alberata, si adagia nella vallata di un fiume ed è la base di escursioni sulle montagne del Great Dividing Range. Nelle vicinanze si trova il magnifico serbatoio Maroondah con il suo incantevole parco.

Ad ovest di Healesville vi sono le montagne di Ben Cairn, Donna Buang e Bobbyalla — i campi di neve più vicini per i sciatori di Melbourne. A nord la Maroondah Highway serpeggia lungo le falde del Black Spur fino al villaggio alpino di Marysville e il campo di neve di Lake Mountain.

Brevi gite nel cuore delle montagne lungo la Acheron Way portano a Warburton e, attraverso la Cumberland Forest, fino a Reefton.

Fra queste montagne si trovano le sorgenti del fiume Yarra e il serbatoio Upper Yarra in cui si riflettono le montagne coperte di alberi. Fra le fitte foreste di frassini intorno a Healesville si trova la riserva Sir Colin McKenzie, un parco di fauna locale famoso in tutto il mondo che contiene oltre 150 esemplari di animali, uccelli e rettili. Qui si trovano rappresentanti della famiglia dei marsupiali, unica al mondo per l'isolamento del continente dal resto delle terreferme.

Gli orsacchiotti koala che si nutrono di foglie di eucalipto e non bevono sono sornionamente appollaiati sui rami del manna gum tree, un albero della famiglia degli eucalipti; canguri brucano l'erba calmi e tranquilli fra i gitanti; l'echidna (una specie di riccio che si nutre di formiche) s'aggira con il suo andare barcollante e si scava una buca nel terreno ogni volta che prende paura. Il platypus, uno degli animali più strani del mondo con il corpo come il castoro e i piedi come l'anitra, nuota nella sua piscina di vetro; emù e pavoni si aggirano per i prati.

Molti uccelli liberi vivono nella riserva, oltre alle centinaia che sono permanentemente in enormi gabbie con alberi e sentieri per i visitatori che vi entrano da doppi cancelli.

La riserva si estende su un'area di 30 ettari di bosco in modo che gli animali e gli uccelli vivono e possono essere ammirati in abitacoli quasi naturali. Circa 300.000 persone visitano la riserva ogni anno — è il posto preferito dove portare parenti ed amici che vengono dall'estero.

Sotto:
I nostri antenati — gli orsacchiotti koala.
A destra:
Uccelli indigeni volano liberamente nella riserva che hanno scelto a loro dimora.

Pagine seguenti:
L'aspetto più interessante della riserva di Healesville è la possibilità che i visitatori hanno di studiare la rara fauna australiana molto da vicino.

Gary Lewis

The sign below the ibis reads:

PLUMED TREE DUCK · CHESTNUT TEAL · GREY TEAL
WHITE EYED DUCK · SWAN · PIED GOOSE · CAPE BARREN GOOSE
COOT · PELICAN · YELLOW SPOONBILL

Sopra:
*Monsalvat. Una eccezionale colonia di
artisti aperta al pubblico. Tutti i fabbricati
furono costruiti con materiali raccimolati
qua e là e mattoni di fango.*

A destra:
*Guidando via da Melbourne, sulla Hume
Highway, il paesaggio cambia
drammaticamente. Una tipica veduta della
campagna del Victoria.*

Monsalvat è la creazione di Justus Jorgensen,
la sua sinfonia in fango e pietra. Laureatosi
in architettura all'inizio del secolo, egli passò
alla pittura. Dopo aver girato l'Europa egli
tornò in Australia e impiantò il suo studio
che divenne presto un centro di attività
culturali e artistiche.

Nel 1935 Jorgensen acquistò del terreno in
Eltham; a corto di fondi, egli fu costretto ad
usare le tecniche e i materiali più semplici e
primordiali — avendo studiato la semplice
architettura delle case dei contadini in
Europa, decise di usare gli stessi metodi per
costruire la sua. La terra era ideale per farne
mattoni di fango; lastre di ardesia per il tetto
gli vennero regalate da amici; per i pavimenti
usò vecchi mattoni cotti e una vecchia scala a
chiocciola di ghisa la trovò in un deposito di
ferri vecchi, come anche le porte e le finestre
furono acquistate in un deposito di materiali
da case demolite.

La costruzione continuò a crescere per un
periodo di anni e l'architettura del villaggio
di Eltham, oggi uno dei sobborghi periferici
di Melbourne, fu molto influenzata da questa
colonia di artisti. Intorno a questi fabbricati
dalla rustica grazia vi sono molte pittoresche
piccole praterie in cui vivono animali
domestici e selvaggi.

Non è possibile accertare se un famoso attore americano disse veramente che Melbourne era un posto ideale per girarvi un film sulla fine del mondo, durante le riprese di "On the beach", (Sulla spiaggia), tratto dal libro omonimo di Neville Shute e che tratta appunto della fine del mondo. Quello che invece è accertato è la bellezza delle spiagge di Melbourne.

La veduta dalla Oliver Hill, una collina che sovrasta la spiaggia di Frankston, estremo sobborgo costiero ad un'ora di automobile dal centro, dà un magnifico panorama di una larga spiaggia a mezzaluna con sabbia fine e pulita e un mare di un turchino incantevole — una veduta che difficilmente ha paragoni in altre parti del mondo. Questo è l'inizio della famosa Peninsula, un istmo di campagne e spiagge, di scuole esclusive e magnifiche residenze estive che hanno una veduta stupenda della Port Phillip Bay e, più giù, dell'oceano aperto. Vedute dall'altra parte della Baia sono altrettanto spettacolari, ma la Peninsula è molto più popolare. Lungo la costa della Peninsula si vedono le tipiche cabine per bagni europee; la bella cittadina di Rosebud (che significa appunto bocciolo di rosa) che prese il nome di un veliero naufragato nei pressi verso la metà del secolo scorso; una residenza del secolo scorso restaurata e classificata come museo nazionale.

Tutta la zona è colma di storia marinara con nomi come Safety Beach, Sorrento, Portsea, Cape Schanck; quest'ultimo un aspro promontorio roccioso su cui si infrangono violente onde oceaniche ed è tutto un mondo di interesse geologico.

Ma, nonostante queste caratteristiche e la presenza di una magnifica riserva di fauna, gli abitanti di Melbourne si recano in massa sulla Peninsula per le sue spiagge e per le sue acque ideali per la vela. Qui si vedono panfili di tutti i tipi, motoscafi, traghetti, barche a remi e si pratica lo sci acquatico e il surfing. Non è un posto di intensa industria della pesca ma una serie di piccole colonie marine dove uno può gettare la lenza dal molo o sedere a guardare le imbarcazioni da pesca che tornano a sera.

Sotto:
La spiaggia di Sorrento offre una mirabile combinazione di verdi prati e sabbie bianche.

A destra:
Le spiagge di Port Phillip Bay sono rinomate per il surfing. Surfers vi convergono da tutto lo stato con Phillip Island loro meta preferita.

Pagina seguenti:
Mentre tramonta il sole su un'altra splendida giornata di Melbourne, i bambini continuano a giocare in un parco pubblico. Nello sfondo si intravede la siluetta del Westgate Bridge che congiunge Williamstown alla città attraverso lo Yarra.

...e in ultima pagine:
L'Australia è famosa per belle ragazze e belle spiagge; Melbourne ha le migliori di tutte due: sabbie bianche e pulite, piscine scavate nelle rocce e bellezze in bikini a soli dieci minuti dalla città.

Gary Lewis

119.